Lernkrimi Deutsch

Blutige Schatten

Katrin Fischer-Sandhop

Weitere Informationen zu Compact Lernkrimis finden Sie am Ende des Buches und unter www.lernkrimi.de.

Baierbrunner Straße 27, 81379 München
Ausgabe 2014

Chefredaktion: Dr. Matthias Feldbaum
Redaktion: Jenny Ranft
Fachkorrektur: Andrea Ruhlig
Produktion: Ute Hausleiter
Titelillustration: Karl Knospe
Lernkrimi-Logo: Carsten Abelbeck
Gestaltung: EKH Werbeagentur GbR, textum GmbH
Umschlaggestaltung: EKH Werbeagentur GbR, Hartmut Baier

ISBN 978-3-8174-9562-7
381749562/1

www.compactverlag.de, www.lernkrimi.de

Vorwort

Liebe Leserin, lieber Leser,

sicher zum Lernerfolg – mit Spaß und Spannung! Die Compact Lernkrimis mit ihrer Kombination aus Lektüre und didaktischem Übungsanteil eignen sich hervorragend, um breite Sprachkompetenzen in der Fremdsprache zu erwerben. Der Lerner wird dabei durch die spannende Handlung, das angemessene Sprachniveau und den stetig ansteigenden Schwierigkeitsgrad der Übungen gefördert und motiviert.
Entwickelt nach neuesten Erkenntnissen der Fremdsprachendidaktik, sind Compact Lernkrimis das ideale Medium für einen Lernerfolg im Selbststudium. Durch die kleinen Texteinheiten und den hohen Übungsanteil sind sie aber auch als Unterrichtslektüre bestens geeignet.

So lernen Sie mit Compact Lernkrimis:

- **Mit Begeisterung lernen:** Die packende Krimihandlung motiviert Sie beim Lesen des deutschen Originaltextes.
- **Wissen intensivieren und erweitern:** Durch die Kombination aus didaktisierter Lektüre und textbezogenen Übungen testen und trainieren Sie Ihre Sprachkenntnisse effektiv. Vokabelangaben auf jeder Seite unterstützen Sie beim Lesen.
- **Systematisch lernen:** Knüpfen Sie an Ihr individuelles Sprachniveau an und setzen Sie eigene Lernziele – linear im Schwierigkeitsgrad ansteigend oder mit punktuellen Schwerpunkten von Grundwortschatz bis Hörverstehen.
- **Unabhängig sein:** Lernen Sie ganz individuell – wo und wann Sie wollen.

Viel Spaß beim **spannend Deutsch lernen**
wünscht Ihnen

Prof. Dr. Christiane Neveling
Didaktik der romanischen Sprachen, Universität Leipzig

Inhalt

Blutige Schatten 5

Riskante Liebschaften 47

Das Lied vom Tod 85

Abschlusstest 124

Lösungen 131

Glossar 140

Verzeichnis der Übungen 158

Blutige Schatten

1 Freunde

„Und wisst ihr noch, meine große Rede bei der Schulfeier ...?“ Peter muss gar nicht weitersprechen, Thomas biegt sich schon vor Lachen und Udo schlägt begeistert auf den Tisch. Sie sind sehr laut, aber niemanden in der Wirtschaft stört das. Im Gegenteil. Die Wirtin bringt ihnen noch drei Gläser Bier. Thomas, Peter und Udo sind Stammgäste. Jeden Mittwoch treffen sie sich hier. Und die Wirtin ist stolz darauf, denn die drei Männer sind erfolgreich und wichtig in der Stadt.

ϟ sich vor Lachen biegen	heftig lachen
Stammgast *m*	häufiger Besucher eines Lokals o. Ä.
Wartezimmer *n*	*hier*: Zimmer in der Arztpraxis, in dem Patienten warten
Landrat *m*	höchstes politisches Amt im Landkreis
Wählergemeinschaft *f*	politische Partei
Gegenkandidat *m*	Konkurrent um ein politisches Amt
Lokalzeitung *f*	Zeitung, die auch von Ereignissen in der Umgebung berichtet
Landkreis *m*	kleine politische Gebietseinheit

Peter ist Arzt mit einer eigenen Praxis. Die Leute haben Vertrauen zu ihm. Aber Peter ist nicht glücklich, denn seine Arbeit langweilt ihn. Jeden Morgen ist das Wartezimmer voll. Tag für Tag kommen die Leute mit ihren Problemen zu ihm. Die Hüfte, das Knie, der Blutdruck, aber mehr Schmerzen und Probleme bereiten die Nachbarn, der Mann, das Enkelkind. Peter kennt die halbe Stadt. Er hört zu und nickt freundlich. Aber oft denkt er an etwas anderes: an die Kommunalwahl[i]. An seine zweite Karriere. Er will Landrat werden. Die Wählergemeinschaft der Stadt hat ihn gefragt und er hat „Ja" gesagt. Er ist der einzige Gegenkandidat des jetzigen Landrats und natürlich will er gewinnen. Der Wahlkampf ist anstrengend. Wie gut, dass Peters Frau auch Ärztin ist. Seit einigen Wochen führt sie die Praxis fast allein. Peter hat kaum noch Zeit. Oft arbeitet er bis spät in die Nacht und schreibt politische Programme. Als Kandidat muss er zu jedem Thema eine Meinung haben. Er muss die Menschen für sich gewinnen, möglichst oft in der Lokalzeitung erscheinen und auf jedem Foto sympathisch wirken. Er muss mit den Menschen im Landkreis feiern, lachen, trinken und essen.

Unter dem Begriff **Kommunalwahl** versteht man eine politische Wahl, insbesondere in Städten, Gemeinden und Landkreisen – also den kleinsten politisch-geografischen Verwaltungseinheiten.

Übung 1: Setzen Sie die Modalverben sinnvoll ein!

können müssen dürfen wollen

1. Peter ______ unbedingt Landrat werden.
2. Als Landrat ______ Peter zu allen freundlich sein.
3. Er ______ sich keinen Fehler erlauben.
4. Deshalb ______ er sich kaum ausruhen.
5. Bis zur Wahl ______ er durchhalten.

zunehmen	schwerer, dicker werden
sich vor Arbeit kaum retten können	sehr viel/zu viel Arbeit haben
Verantwortung *f*	(moralische) Verpflichtung
Auslandskorrespondent *m*	Journalist, der aus dem Ausland berichtet
selbstgerecht sein	sehr von sich überzeugt sein
etw., jn. hassen	etw., jn. völlig ablehnen
etw. über sich ergehen lassen	etw. erdulden
unterbesetzt sein	nicht genügend Personal haben, um die Arbeit zu schaffen
hetzen	*hier*: sich sehr beeilen
Lokalseite *f*	Seite einer Zeitung, die über das Geschehen in der Umgebung berichtet
kränken	die Gefühle eines anderen verletzen
jn., etw. erwischen	*hier*: jn., etw. ertappen, ergreifen
Führerschein *m*	amtliche Fahrerlaubnis

„Du hast ganz schön zugenommen", sagt Thomas zu Peter. „Lass uns mal wieder Tennis spielen." Thomas ist Unternehmer. In seiner Fabrik werden Spezialteile für Werkzeugmaschinen produziert. In manchen Monaten können sich Thomas und seine Mitarbeiter vor Arbeit kaum retten. In anderen Monaten gibt es nur wenige Aufträge. Thomas hat die Verantwortung für fast 500 Mitarbeiter und ihre Familien. Aber von diesem Druck ist bei Thomas kaum etwas zu spüren. Vor einem Monat hat die große Lagerhalle gebrannt. Vier Feuerwehrautos haben das Feuer die ganze Nacht gelöscht, der Schaden war riesig. Trotzdem ist Thomas am nächsten Tag gut gelaunt zum Stammtisch gekommen. Er kann eine Nacht durcharbeiten und am Morgen ein Tennisspiel gewinnen. Probleme scheint er nicht zu kennen.

Woher Thomas die Energie nimmt, ist besonders für Udo ein Rätsel. Ihm geht die gute Laune von Thomas manchmal ziemlich auf die Nerven. Udos Leben ist voller Probleme. Seine Frau ist mit den Kindern weggezogen. Er darf die Kinder nur alle drei Wochen besuchen. Udo ist Journalist. Er hat für große Magazine gearbeitet und war mehrere Jahre Auslandskorrespondent in Moskau. Als seine erste Tochter auf die Welt kam, ist er mit seiner Familie nach Deutschland zurückgekehrt. Jetzt ist die Tochter zehn Jahre alt und lebt mit ihrer Mutter in Hamburg. Und er, Udo, sitzt allein in einer Stadt, die er schon als Jugendlicher immer verlassen wollte. Die Stadt war ihm schon immer zu eng, zu klein, zu selbstgerecht.

Übung 2: Lesen Sie weiter und korrigieren Sie den fehlerhaften Druck, indem Sie die Wortgrenzen mit Schrägstrichen deutlich machen!

1. ErhasstdiegepflegtenVorgärtenvordenEinfamilienhäusern,dasTheaterfürdieNachbarn.
2. IhmwirdschlechtbeidenFestreden,Schulkonzerten undderBlasmusik,dieerjedeWocheübersichergehen lassenmuss.
3. Erkanndasnurertragen,wenneretwastrinkt.
4. UdoarbeitetinderLokalredaktioneinergrößerenZeitung.

Die Redaktion ist unterbesetzt. Udo hetzt von einem Termin zum nächsten. Die Lokalseite muss geschrieben werden. Udos Beiträge sind gut. Aber sie sind nicht ausgezeichnet und das kränkt ihn. Gegen die Kränkung hilft ihm Bier oder Wein. Letzte Woche hat ihn die Polizei mit knapp 1,3 Promille erwischt. Den Führerschein haben sie ihm erstmal weggenommen. Jetzt muss

Umweltbewusstsein *n*	Sorge um die Natur
Neid *m*	Empfindung, bei der jd. einem anderen etw. nicht gönnt und selbst haben möchte
Pointe *f*	überraschender Effekt am Ende
Oberpfalz *f*	Region in Bayern
js. Blick ausweichen	keinen Blickkontakt wollen
Wahlkampagne *f*	Aktion, die Werbung für eine Partei macht
Pech haben	unglückliches Missgeschick erleiden

Udo mit dem Fahrrad zu den Terminen fahren. Nur Peter kennt den wirklichen Grund. Allen anderen sagt er: "Das Fahrradfahren ist Zeichen meines neuen Umweltbewusstseins." Einige bewundern ihn dafür. Aber er ärgert sich und ist voller Neid auf Thomas, dem immer alles gelingt.

Thomas ist heute fast ein bisschen zu gut gelaunt. Er rutscht auf seinem Stuhl herum, sortiert Zahnstocher und erzählt Witze ohne Pointe: „Was ist der Unterschied zwischen einer Oberpfälzer Hochzeit und einem Oberpfälzer Begräbnis ...?"

„Was ist mit dir?", fragt Peter. Bist du verliebt?" Peter fällt auf, dass Thomas seinem Blick ausweicht.

„Vielleicht", sagt er und wird rot. Wie damals. Peter fühlt einen Stich. Da ist sie wieder, diese alte Geschichte. Thomas mit Claudia. Damals waren Peter und Claudia noch nicht verheiratet. Aber die Hochzeit war schon geplant. Peter verliert plötzlich den Spaß an diesem Abend mit seinen Freunden. Udo bestellt sich noch ein Bier. Das Handy von Thomas klingelt. Er schaut kurz auf die Nummer und steht auf. Er muss gehen. Er hat einen wichtigen Termin vergessen. Sagt er.

Peter bleibt mit Udo sitzen. Er fragt ihn nach einer Idee für die Wahlkampagne. Was soll er auf die Plakate schreiben? „Engagiert", „Sympathisch", „Schwungvoll für unsere Heimat"? Peter ist Udos Meinung sehr wichtig. Udo ist klug. Er ist kreativ und er kennt die Welt. Er hat bloß mit seiner Ehe Pech gehabt. Das hat ihn umgehauen. Das würde[i] jeden umhauen. Aber Udo will nicht mehr aufstehen. Er jammert lieber. Manchmal würde Peter seinen Freund am liebsten schütteln.

„Ehrlich", sagt Udo.

„Was meinst du?" Peter versteht ihn nicht.

„Schreib nur das Wort ‚Ehrlich' auf die Plakate. Das ist einfach. Es passt zu dir. Jeder versteht es. Und für diese Idee bekomme ich ein Glas Rotwein." Udo lehnt sich zufrieden zurück.

„Ich glaube, du hast für heute genug", sagt Peter. Udo schüttelt den Kopf.

„Wieso? Ich bin mit dem Fahrrad hier."

> Da sich die Form des **Konjunktiv II** für die meisten **schwach gebeugten Verben** nicht von den einfachen Vergangenheitsformen unterscheidet, verwendet man in solchen Fällen Umschreibungen mit **„würde"**:
>
> statt er *arbeitete* also er *würde arbeiten*
>
> Die Umschreibung mit „würde" ist heute allerdings auch bei vielen **stark gebeugten Verben,** die eigentlich eindeutige Formen für den Konjunktiv II hätten, üblich. Formen, wie z. B. „dächte", sind in der Alltagssprache ungebräuchlich und werden meist durch „würde denken" ersetzt.

Übung 3: **Welche Aussage ist richtig? Kreuzen Sie an!**

1. ☐ a) Thomas gute Laune ist ansteckend.
   ☒ b) Die gute Laune von Thomas wirkt leicht übertrieben.

2. ☐ a) Sein Witz ist nicht lustig.

☐ b) Die Freunde lachen über seine Witze.

3. ☐ a) Udo ist Auslandskorrespondent in Moskau.

☐ b) Er arbeitet in Deutschland.

4. ☐ a) Peter freut sich, dass Thomas verliebt ist.

☐ b) Er ist eifersüchtig.

2 Der Unfall

Klara flucht. Sie hat ihre Fernbrille vergessen, es ist dunkel und immer wieder hat sie Tränen in den Augen. Sie sieht kaum etwas. Klara ist Peters Tochter. Sie ist 18 Jahre alt, steht kurz vorm Abitur und hat ihren ersten echten Liebeskummer. Ihr Freund Florian hat mit ihr Schluss gemacht. Und Papa ist schuld. Klara tritt auf das Gaspedal. Der Motor heult auf.

eifersüchtig sein	neidisch sein
fluchen	sehr stark schimpfen
Fernbrille *f*	Brille gegen Kurzsichtigkeit
Liebeskummer haben	unglücklich verliebt sein
Schluss machen	*hier*: Liebesbezieung beenden
aufheulen	*hier*: sehr laut werden

Übung 4: Lesen Sie weiter und setzen Sie die fehlenden Präpositionen ein!

nach | in | auf | zwischen | mit

Dabei war doch alles gut **1.** ________ ihnen. Das hat sie zumindest gedacht. Und dann macht er Schluss.

Immer wieder hat sie ihn 2. dem Grund gefragt.
Sie hat 3. Sabine getippt.
Sabine 4. ihren langen schwarzen Haaren.
Sabine, die so gut singen kann und Gitarre 5.
einer Band spielt. Sabine, die einfach jeden vollquatscht.

Sabine! Klara dreht die Musik lauter. Sie hat die Straße fast für sich allein. Es ist dunkel, rechts und links ist Wald. Klara zündet sich eine Zigarette an. Den Rauch bläst sie aus dem Fenster. Es ist Papas Auto und er mag nicht, wenn es nach Zigaretten riecht. An den Seitenrändern der Straße liegen noch Reste vom Schnee. Vor einem Monat sind Klara und Florian hier Ski gefahren. Es war ein sonniger Tag, voller Glück. Florian hatte überlegt, ab Oktober mit nach Brighton zu kommen. Klara würde dort studieren und er könnte dort arbeiten. So könnten sie immer zusammen bleiben. Im Autoradio läuft ein tschechischer Sender. Er bringt gute Musik. Die Ansagen dazwischen versteht Klara nicht, aber der Sprecher hat eine schöne beruhigende Stimme. Die Stimme tröstet Klara. Wie Mama. Aber Mama war nicht zu Hause und Papa war bei seinem Stammtisch. Wahrscheinlich hat er wieder nur über Politik gesprochen: Was man verändern muss im Landkreis. Wie die Umgehungsstraße finanziert werden kann. Wie schlecht der jetzige Landrat arbeitet. Dieser Landrat, das ist Florians Onkel. Darum hat Florian Schluss gemacht.
„Dein Vater, mein Onkel … das passt einfach nicht zusammen."
Florian hat dabei ziemlich dumm gewirkt. Plötzlich muss Klara lachen. Sie lacht über Florian und über sich selbst. Da fährt sie durch die Nacht und heult, dabei ist Florian das gar nicht wert.

Sie wird in Brighton studieren und Florian wird in Kulmbach versauern. Wahrscheinlich mit Sabine. Er ist selber schuld. Klara wirft die brennende Zigarette aus dem Auto und macht das Fenster zu. Es ist zu kalt. Klara kann sich zwar schnell aufregen, aber sie denkt auch sehr praktisch. Sie ist 50 Kilometer gefahren, jetzt will sie wenigstens noch Zigaretten holen in Tschechien. Kurz hinter der Grenze hält sie an einem Markt mit Holzbuden. In einigen Ständen brennt noch Licht. Klara kauft eine Stange Zigaretten. Als sie wieder zum Auto geht, sieht sie Thomas. Thomas ist ein Freund ihres Vaters. Jeden Mittwochabend treffen sie sich zum Bier. ‚Warum ist der hier? Hoffentlich ist Papa noch nicht zu Hause. Ich muss mich beeilen. Papa mag nicht, wenn ich sein Auto nehme', denkt Klara. Sie nickt Thomas kurz zu. Er nickt ebenso kurz zurück. In diesem Moment stolpert Klara über ein Paar Beine. Sie gehören zu einem jungen Mann, der unter ihrem Auto etwas sucht. Er steht auf und hält einen Kinderball hoch.
„Der ist unter das Auto gerollt", sagt er. Der junge Mann lächelt umwerfend. Er sieht gut aus. Klara schaut ihn gebannt an.
„Der Ball gehört meiner Schwester", erklärt er. Klara nickt.
„Meine Schwester steht dort drüben", sagt er. Klara dreht sich um. Dort steht ein kleines Mädchen und weint. Klara winkt dem

auf etw. tippen	*hier*: eine Vermutung haben
jn. vollquatschen	auf jn. ohne Pause einreden
tschechisch	aus Tschechien (Land, das im Osten an Deutschland grenzt) kommend
jn. trösten	aufmuntern, js. Leid lindern
Umgehungsstraße *f*	Straße, die um einen Ort herumführt
Holzbude *f*	einfaches Häuschen aus Holz
Stange Zigaretten *f*	Zigarettengroßpackung mit mehreren Schachteln
gebannt	*hier*: fasziniert

benommen sein	nicht klar denken können
etw. abschütteln	*hier*: sich loslösen, von etw. frei machen
⚡ einpacken können	unterlegen sein, scheitern
bequem werden	sich weniger anstrengen
Brauerei *f*	Betrieb zur Herstellung von Bier

Mädchen zu. Es winkt nicht zurück.
„Sie ist müde von der Fahrt“, erzählt der junge Mann.
„Ja“, sagt Klara und nickt. Gleichzeitig ärgert sie sich. Warum fällt ihr nichts Besseres ein?
„Man sieht sich“, sagt der junge Mann und geht mit dem Ball zu seiner Schwester. Klara steigt ins Auto. Sie ist ganz benommen. Dann schüttelt sie den Zauber ab und freut sich: Was für Augen! Wie sie leuchten! Da kann Florian einpacken.

Peter läuft vom Stammtisch nach Hause. Die Bewegung tut ihm gut. Thomas hat recht. Er hat zugenommen. Er ist auch bequem geworden. Seine Frau Claudia schwimmt, wandert und fährt Rad. Während er ausruhen will, macht sie einen 10-Kilometer-Lauf. Einfach so aus Spaß. Und wenn sie zurückkommt, ist sie seltsam aufgedreht und wirkt glücklich. Genau wie Thomas heute. Peter kämpft mit sich. Er will sich nicht schon wieder daran erinnern: Thomas und Claudia beim Tanzen. Thomas und Claudia in der Bar. Thomas und Claudia … Sie ist damals zu Peter zurückgekommen und er hat ihr verziehen. Er und Claudia haben eine Tochter, eine Praxis, ein Haus. Aber was verbindet sie wirklich? Peter atmet tief ein. Es riecht nach der Brauerei. Als Kind fand er diesen Geruch schrecklich. Heute ist der Geruch für ihn Heimat. Peter gehört hierher. Er und Claudia haben in Köln studiert, später in Frankfurt gearbeitet. Dann kam Klara. Peter hat sich für sie eine Kindheit gewünscht wie seine eigene: Ein Leben halb in der Stadt, halb auf dem Dorf, einen großen Garten, Geheimwege zu den Nachbarskindern. Heidelbeeren im Sommer. Die Feste zur Kirchweih. Nachbarn, die man kennt ... Darum sind er, Claudia und Klara nach Kulmbach zurückgekommen. Er mag diese Gegend, ehrlich. Peter muss lächeln. „Ehrlich!" Das ist der richtige Slogan für seine Wahlkampagne. Udo ist gut.

Geheimweg *m*	ein nur wenigen Menschen bekannter Weg
Kirchweih *f*	kirchliches Fest
sich kümmern um	*hier*: Interesse zeigen
Pedal *n*	Fußhebel am Fahrrad
schlingern	sich hin und her, nicht in gerader Linie bewegen
Atemnot *f*	Zustand, in dem man keine Luft bekommt
ϟ sich hängen lassen	nichts gegen etw. tun, sich gehen lassen
sich zusammennehmen	sich beherrschen

Udo fährt mit dem Fahrrad nach Hause. ‚Ich mache alles falsch', denkt er. ‚Ich heirate die falsche Frau. Ich arbeite bei der falschen Zeitung. Ich kümmere mich zu wenig um meine Kinder.' Bei jedem Tritt in die Pedale wirft er sich einen neuen Fehler vor. Er schlingert leicht. Die Kinder sind das größte Problem für Udo. Manchmal wacht er mitten in der Nacht auf und hat Schmerzen oder Atemnot. Peter hat ihn untersucht. Er hat nichts gefunden. „Organisch bist du gesund", hat er gesagt. Dann kamen die üblichen Ratschläge: Udo soll sich nicht so hängen lassen. Die Trauer muss auch mal ein Ende haben. Udo soll wieder anfangen zu leben. Udo nimmt sich jeden Tag zusammen, geht zur Arbeit, führt Interviews, schreibt, fotografiert. Er räumt seine Wohnung auf und wäscht seine Wäsche. Das alles kostet ihn unendlich viel Energie. Er macht es, aber er weiß nicht warum. Sein Leben hat keinen Sinn. Und er kann mit niemandem darüber reden. Er versucht normal zu sein. Meist gelingt ihm das. Aber vor zwei Tagen

Recherche *f*	Nachforschung
Crystal Meth *n*	synthetische Droge
zusammen-brechen	*bildhaft*: keine Kraft mehr haben
Hebamme *f*	Geburtshelferin
peinlich	verlegen, beschämt

ist er bei seiner Recherche für einen Artikel über Crystal Meth völlig zusammengebrochen. Er hatte mit einer Hebamme gesprochen. Sie erzählte ihm, welche Fehlbildungen Kinder von Crystal-Abhängigen haben. Eine Mutter nimmt in der Schwangerschaft Crystal Meth und ihrem Baby fehlt ein Arm oder ein Bein. Im besten Fall. Udo hatte Notizen gemacht. Plötzlich hatte er Tränen in den Augen. Er musste weinen. Über diese Babys, über seine Kinder, über sich. Es war ihm peinlich, aber er konnte nicht anders. Die Hebamme hatte ihn in den Arm genommen und festgehalten. Sie roch gut. Udo schließt die Augen. So kann er sich besser an diese Umarmung erinnern. Er steuert mit dem Fahrradlenker leicht nach links. Udo kommt auf die Mitte der Straße. Aber das bemerkt er nicht mehr. Er hört nur noch das Auto. Dann wird es schwarz um ihn.

Übung 5: Setzen Sie die treffenden Verben ein!

laufen | marschieren | stolpern | taumeln | springen

1. Peters Frau ______ jeden Tag zehn Kilometer.
2. Vor Wut ______ Peter stramm nach Hause.
3. Klara ist schwindelig. Sie ______ zum Auto.
4. Udo hat zu viel getrunken. Er ______ über seine eigenen Beine.
5. Das Kaninchen ______ im Gras herum.

Klara versucht noch auszuweichen. Sie bremst scharf. Zu spät. Es gibt einen dumpfen Schlag. 30 Meter später steht das Auto endlich. Klara hält das Lenkrad fest. Ihr fällt nicht ein, warum sie angehalten hat. Sie muss dringend nach Hause: Ihr Zwergkaninchen braucht heute noch Wasser. Morgen muss sie eine Probeklausur schreiben. Das ist Papas Auto. Das Auto ist zu schnell gefahren. Wer fährt so schnell auf einer dunklen Straße? Klara nicht. Nicht Klara. Der Zahnarzt hat gesagt, sie soll in drei Wochen wiederkommen. Sie muss jetzt nach Hause. Ihre Hände zittern. Sie startet den Wagen, legt den Gang ein und fährt los. In sicherem Abstand zu Klara und der Unfallstelle hat ein Auto angehalten. Das Scheinwerferlicht ist aus. Als Klara weiterfährt, rollt das Auto ganz nah an die Unfallstelle heran. Jemand macht Aufnahmen mit dem Handy: ein kaputtes Fahrrad, ein leise stöhnender Mann. Dann fährt das Auto weiter.

jm., etw. ausweichen	um jn., etw. herumfahren
Probeklausur *f*	schriftliche Prüfung zum Üben
Unfallstelle *f*	Ort, an dem ein Unfall geschieht
Scheinwerferlicht *n*	*hier*: Autolicht
Aufnahme *f*	*hier*: Foto

Übung 6: Kreuzen Sie die richtige Aussage an!

1. Klara ist benommen.
   - ☐ Sie hat Tabletten genommen.
   - ☒ Ihr Freund hat sie verlassen.
   - ☒ Sie hat einen gut aussehenden jungen Mann gesehen.

2. Es riecht nach der Brauerei.

- ❒ Peter findet das schrecklich.
- ❒ Peter stört sich nicht daran.
- ❒ Peter mag diesen Geruch.

3. Udo ist deprimiert.

- ❒ Er lässt sich hängen.
- ❒ Er kämpft dagegen an.
- ❒ Er hat einen Herzfehler.

4. Klara fährt nach Hause, denn

- ❒ sie hat den Unfall nicht bemerkt.
- ❒ das Kaninchen braucht Wasser.
- ❒ sie verdrängt den Vorfall.

3 Die Lüge

Terrasse *f*	Bereich zwischen Haus und Garten
jm. zu Füßen liegen	zu jm. aufblicken
etw. unter Kontrolle haben	die Situation beherrschen
sich Sorgen machen	Angst haben, unruhig sein
erleichtert sein	beruhigt sein
kreidebleich sein	weiß wie Kreide sein

Peter steht auf der Terrasse. Das Haus, in dem er wohnt, liegt auf einem Berg. Von der Terrasse schaut man ins Tal. Jetzt in der Nacht sind dort viele Lichter zu sehen. Nicht nur die Lichter der Stadt, auch die der nächsten Dörfer. Der Landkreis liegt Peter zu Füßen. Hier probt er oft seine Reden: „Liebe Kulmbacher und Kulmbacherinnen, liebe Wirsberger und Wirsbergerinnen, liebe Kasendorfer…" Heute steht er still und schaut in die Nacht. Seine Frau ist nicht zu Hause, auch seine Tochter nicht. Er weiß nicht, wo sie sind. Sie haben ihm noch nicht mal einen Zettel hingelegt. An ihre Handys gehen sie auch nicht. Peter hat gern alles unter Kontrolle. Wo ist Klara? Er macht sich Sorgen. Sie hat sein Auto genommen. Klara ist 18, aber immer noch seine Kleine. Jetzt sieht er sein Auto die Auffahrt hinaufrollen. Erleichtert geht er seiner Tochter entgegen.

Klara fährt das Auto in die Garage, aber sie steigt nicht aus. Peter macht das Licht in der Garage an und sieht den Schaden vorne rechts am Auto. Peter liebt seine Tochter sehr. Sie ist ihm wichtiger als ein heiles Auto. Klara ist kreidebleich. Peter öffnet die

Parkuhr *f*	Münzgerät an Parkplätzen
angeblich	scheinbar
Kratzwunde *f*	Verletzung der Haut
lebensbedrohlich sein	das Leben gefährdend
jn. anzischen	jn. böse, aber nicht laut anreden

Fahrertür. Er macht einen Scherz.
„Hast du schon wieder eine Parkuhr überfahren?", fragt er.
„Einen Radfahrer", murmelt Klara. Sie schaut ihren Vater an. Ihre Lippen zittern.
„Ich habe einen Radfahrer überfahren. Aber ich bin einfach weitergefahren, Papa."

Peter fährt mit seiner Tochter sofort zu der Unfallstelle. Der Straßenrand fällt an dieser Stelle steil ab. Peter klettert mit einer Taschenlampe hinunter und bleibt immer wieder an den Dornen von Brombeersträuchern hängen. Hier ist das Fahrrad. Und dort ist der Verletzte. Es ist ein Mann. Es ist Udo! Udo bewegt sich und jammert. Oben auf der Straße hält ein Auto. Das ist Claudia. Klara hat sie auf dem Handy erreicht. Angeblich war sie bei einer Freundin, was Peter ihr nicht glaubt. Aber jetzt ist keine Zeit für Diskussionen. Sie müssen Udo aus den Brombeeren befreien. Sie schneiden ihn heraus. Udo hat Kratzwunden im Gesicht, eine Wunde am Bein, Prellungen ... nicht lebensbedrohlich. Klara heult die ganze Zeit.
„Fahr mit Klara nach Hause! Nimm mein Auto!", sagt Peter zu Claudia.
„Wir müssen die Polizei rufen", verlangt Claudia.
„Du sollst mein Auto nehmen!" Peter zischt sie böse an. Er wird das mit Udo allein klären. Auf seine Art. Es geht hier schließlich um die Zukunft seiner Tochter. Mit einer Vorstrafe kann sie nicht in Brighton studieren. Und dann das Gerede der Leute.
„Du musst gut sein in der Schule", hat Peter oft zu Klara gesagt.

„Die Leute schließen von dir auf mich." Dieser Fehler von Klara kann die Wahl entscheiden. Glücklicherweise steht Udo noch unter Schock. Er bekommt nicht alles mit und lässt sich leicht führen. Peter setzt ihn auf die Rückbank in Claudias Auto und fährt mit ihm in die Praxis.

von jm. auf jn. schließen	eine Eigenschaft oder ein Verhalten des einen Menschen auf den anderen übertragen
Rückbank *f*	hintere Sitze im Auto
versorgen	*hier*: behandeln
Blutprobe *f*	eine kleine Menge Blut für eine Untersuchung
standhalten	aushalten, widerstehen

Dort will Udo von der Behandlungsliege aufstehen. „Ich gehe jetzt zur Polizei." Aber Peter drückt ihn sanft zurück. „Das kannst du nicht!" Udo hat wirklich Glück gehabt. Die Verletzungen kann Peter in seiner Praxis allein versorgen.
„Warum kann ich das nicht?", fragt Udo. Peter setzt sich neben ihn und verschränkt die Arme vor der Brust. So macht er es immer, wenn er Patienten etwas erklärt.
„Du benötigst Ruhe. Du hast eine leichte Gehirnerschütterung. Und du hast ziemlich viel Alkohol getrunken. Ich habe eine Blutprobe genommen. Ich kann dir das Ergebnis zeigen. 1,1 Promille. Damit kriegst du deinen Führerschein nie wieder! Denk an deine Kinder!" Udo schließt die Augen.
„Dann geh ich eben morgen." Peter unterbricht die Behandlung. „Und wenn sie mich nach den Ergebnissen der Laboruntersuchung fragen?"
„Du musst doch nichts sagen." Udo schaut Peter bittend an. Peter kann diesem Blick nicht standhalten. Er senkt die Augen.
„Doch ich muss. Du weißt, wie sehr ich Unwahrheiten hasse. Ich bin..." Peter schaut hoch und Udo nun doch direkt in die Augen. „...ich bin ehrlich."

Klara versteht ihre Mutter nicht. Seit Tagen streitet ihre Mutter mit ihr und mit Klaras Vater. Sie will, dass Klara zur Polizei geht. Dabei hat Udo noch nicht mal Anzeige erstattet. Auch dieses Abendessen endet im Streit.

„Du willst, dass ich als Lügner dastehe?“ Peter ist wütend.

Claudia verteidigt sich: „Du denkst doch nur an dich! Klara schiebst du nur vor. Du hast nur noch ein Ziel. Du willst einen Dienstwagen, du willst einen Fahrer und du möchtest auf jeder Feier persönlich begrüßt werden. Landrat Peter! Deine Familie und deine Freunde sind dir völlig egal. Udo ist dir egal.“

Peter fühlt sich ungerecht behandelt.

„Ich habe doch alles für ihn getan. Ich habe eine Nacht neben seinem Bett gesessen. Ich habe ihm sogar mein Fahrrad geschenkt. Das Fahrrad ist viel besser als sein altes.“

Claudia schüttelt den Kopf: „Und wie soll Klara mit dem Unfall zurechtkommen?“

Peter schaut zu Klara. Sie kaut ohne Appetit an ihrem Brot. Peter lächelt sie an und reicht ihr seine Hand. Klara greift nach ihr. Klara und Peter bilden wie so oft eine Einheit gegen Claudia. Das macht Claudia wahnsinnig. Sie legt ihre Serviette auf den

Anzeige erstatten	der Polizei melden
Lügner *m*	jd., der die Unwahrheit sagt
etw., jn. vorschieben	sich mit etw. herausreden, etw. oder jn. als Vorwand nehmen
egal sein	unwichtig, gleichgültig sein
ungerecht	unfair
zurechtkommen	ein Problem bewältigen
jn. anekeln	sehr negative, ablehnende Gefühle hervorrufen
Geständnis *n*	Bestätigung, dass man etw. getan hat
Fahrerflucht *f*	verbotenes Verhalten nach einem Verkehrsunfall

Tisch, steht auf und sagt betont ruhig: „Ihr ekelt mich an!“ Dieser Satz kränkt Peter.

„Und deshalb triffst du dich wieder mit Thomas? So heißt doch deine ‚Freundin‘? Wenn du zu Hause gewesen wärst als Klara dich brauchte, dann wäre das alles nicht passiert.“

Claudia schaut Peter erstaunt an. Dann dreht sie sich um und geht. Peter wertet das als Geständnis. Er sinkt in sich zusammen. Klara drückt seine Hand, die sie immer noch hält. Er ist dankbar für Klaras Zuwendung. Aber die Liebe der Tochter ist kein Ersatz für die Liebe seiner Frau.

Übung 7: Wandeln Sie die Hauptsätze mit *wenn* bzw. *weil* in Haupt- und Nebensatzkonstruktionen um!

1. Es ist dunkel. Peter leuchtet mit der Taschenlampe.

   ____

2. Udo geht zur Polizei. Er verliert seinen Führerschein. Er hat zu viel Alkohol getrunken.

   ____

   ____

3. Peter wird die Wahrheit sagen. Er ist ehrlich.

   ____

4. Peter wird nicht Landrat. Die Fahrerflucht seiner Tochter wird bekannt.

   ____

5. Peter will schon gehen. Thomas wundert sich.

   ____

Tage ohne Arbeit, Tage ohne Ablenkung … solche Tage fürchtet Udo. Er sitzt im Schlafanzug am Küchentisch. Peter hat ihn für eine Woche krankgeschrieben. Es ist ganz still in seiner Wohnung. Früher haben die Kinder hier gespielt und getobt. Sie sind von einem Zimmer ins andere gerannt. Jetzt tickt nur noch die Küchenuhr laut. An der Wand hängt ein Foto von Udos Sohn. Auf dem Foto ist er vier Jahre alt und lernt gerade das Fahrradfahren. Er sitzt ganz stolz auf dem Sattel. Nur wenige Sekunden später ist er hingefallen [i]. Er hat geschrien vor Ärger, auf den Boden geschlagen und das Fahrrad getreten. Udo hat sich Sorgen gemacht. Diese Wut kannte er nicht bei seinem Sohn. Aber nach zehn Minuten ist er wieder aufs Fahrrad gestiegen und nie mehr umgefallen. Udo will bei dieser Erinnerung lächeln, aber plötzlich bemerkt er in sich eine neue Kraft: Wut. Sie drückt alles beiseite. Er wirft den Tisch um. „Wer bin ich denn?", schreit Udo. Wer ist er denn? Warum fährt ihn jemand um und lässt ihn einfach liegen, wie Abfall.
„Ich finde dich!", schreit Udo. „Ich finde dich!"

> Bei den **unregelmäßigen deutschen Verben** wird das **Partizip II** mit der Endung „-en" gebildet. Die Bildung des Partizips „hingefallen" zeichnet sich dadurch aus, dass sich das „ge" zwischen die Vorsilbe und den Verbstamm schiebt.

Peter kann nicht schlafen. Der Rücken tut ihm weh. Nach dem Streit mit seiner Frau verbringt er die Nacht auf dem Sofa im Wohnzimmer. Das Sofa ist für ihn zu kurz und die Liegefläche ist nicht bequem. Peter rollt immer in die Rille zwischen Liegefläche und Lehne. Er stellt sich vor, dass das Sofa ihn verschluckt. ‚Mein Ehemann, Peter Lehnert, 46 Jahre alt, Facharzt für Allgemeinmedizin, zukünftiger Landrat, hervorragender Politiker, hat nach einem Streit auf dem Sofa geschlafen und ist dabei spurlos verschwunden. In tiefer Trauer, seine Ehefrau Claudia.' Weint sie dann? Oder sitzt sie am nächsten Abend schon mit Thomas auf diesem Sofa? Peter braucht frische Luft. Er öffnet die Balkontür und hört den ersten Vögeln zu. Neben dem Vogelgesang hört er andere Geräusche. Ein Flüstern. Jemand ist im Garten. An der Garage. Einbrecher! Vor einer Woche hat der Polizeidirektor ihm erzählt, dass die Zahl der Einbrüche in der Stadt gestiegen ist. Peter hat keine Alarmanlage. Er hat nur einen Generalschalter, den ein Elektriker vor Jahren installiert hat. Peter drückt den Schalter. Dadurch gehen alle Lampen im Haus und auch die Treppen- und Gartenbeleuchtung an. Der Trick funktioniert. Peter sieht zwei Personen davonrennen. Er geht in die Garage. Dort kniet er sich neben das Auto und überlegt, wie er den Schaden erklären könnte. Er versucht, das Blech irgendwie auszubeulen. Dazu greift er unter das Auto und tastet mit der Hand nach einer Stelle, von der er gegendrücken kann. Da fällt ein Teil ab. Es sieht aus wie eine kleine Metallbox. Peter versteht nichts von Autos. Das muss ein Fachmann reparieren. Aber wer? Und wo? Denn Udo versucht, das Unfallauto zu finden. Peter geht wieder ins Haus. Er schaut kurz nach Klara und tritt dann ins Schlafzimmer.

Ablenkung *f*	Störung der Konzentration
jn. krankschreiben	als Arzt jm. bescheinigen, dass er nicht arbeiten kann
toben	*hier*: wild spielen
ticken	*hier*: gleichmäßiges, leises Geräusch machen
Liegefläche *f*	Bereich zum Hinlegen
Rille *f*	längliche Vertiefung
spurlos verschwinden	nicht mehr zu finden sein, ohne einen Hinweis zurückzulassen
Flüstern *n*	sehr leise Gesprochenes
Generalschalter *m*	Lichtschalter, der alle Lampen gleichzeitig anmacht
Blech *n*	dünne Metallplatte, Material des Autos
ausbeulen	etw. in die alte Form bringen

Er schließt das Fenster und legt sich neben Claudia ins Bett. Sie rückt im Schlaf weg von ihm.

Übung 8: Ergänzen Sie die fehlenden Buchstaben!

1. Blechschaden reparieren: __ u __ __ __ u __ __ __
2. überprüfen: __ o __ __ __ o __ __ __ __ __ __ __
3. Blechschachtel: __ e __ a __ __ __ o __
4. Schlafmöglichkeit: __ i __ __ e __ __ ä __ __ __
5. Zimmer: __ o __ __ __ a __ __

Es ist Mittwochabend. Peter, Thomas und Udo sitzen an ihrem Stammtisch. Seit einer halben Stunde erklärt Udo den Freunden seinen Plan. Er hat Lacksplitter gefunden und alle Autowerkstätten der Umgebung informiert.
„Wenn er den Schaden reparieren lassen will, dann hab ich ihn!“, sagt Udo zornig.
„Warum der ganze Aufwand. Geh besser zur Polizei. Sonst zahlt auch die Versicherung nicht“, antwortet Thomas. Er hat Udos Problem gar nicht verstanden. Thomas sieht schlecht aus. Er wirkt heute alt und müde. Sein Gesicht ist gerötet. Mehrmals fragt er Peter nach Klara.
„Klara geht es gut. Danke. Was willst du?“ Peter reagiert gereizt. Thomas kann nicht sagen, dass er Klara gesehen hat. Und Peter glaubt, dass seine Frau Claudia ihrem Liebhaber Thomas von Klaras Unfall berichtet hat. Die Wirtin kommt an ihren Tisch. Udo bestellt ein großes Wasser. Peter will gar nichts. Ihm ist die Laune vergangen. Er klopft zum Abschied dreimal auf den Tisch.

„Ich gehe. Ich lasse mich nicht gern unter Druck setzen."
Für Udo und Thomas kommt Peters Aufbruch überraschend.
„Was hat der denn?", fragt Thomas.
„Keine Ahnung!", sagt Udo. „Vielleicht Ärger mit seiner Partei [i]? So ist Kommunalpolitik eben."

> In Deutschland gibt es sechs große **Parteien:** Die Christlich Demokratische Union (CDU), Die Sozialdemokratische Partei Deutschland (SPD), DIE LINKE, Bündnis 90/Die Grünen, Die Freie Demokratische Partei (FDP) und Die Christlich-Soziale Union (CSU).

Das Telefon klingelt. Klara zuckt zusammen. Schon dreimal hat ein Mann angerufen. Er kauft Unfallwagen. „Faire Preise!", hat er gesagt. Klara soll ihrem Vater Bescheid sagen. Klara lässt das Telefon klingeln. Sie muss sich konzentrieren. Sie muss lernen. Klara ist eine gute Schülerin und hat in allen Fächern die besten Noten. Ihre Freunde verstehen nicht, warum Klara jetzt so einen Stress macht mit dem Lernen. Ihre Freunde wissen aber auch nichts von dem Unfall. Bis zu dem Unfall hat Klara in der Schule immer laut mitdiskutiert. Ihr absolutes Lieblingsthema war ‚Verantwortung'. „Die Politiker müssen sich ändern, die Manager müssen sich ändern …" Jetzt ist Klara meistens still. Sie sagt nichts mehr über ‚Verantwortung'. ‚Ich kann Papa doch jetzt nicht in den Rücken fallen', denkt Klara. ‚In der ganzen Stadt hängen Plakate mit seinem Bild. Auf allen Plakaten steht in fetter Schrift: **Ehrlich!** Wie kann ich da die Wahrheit sagen?'

Lacksplitter *m*	kleines Stück von der Farbe
Aufwand *m*	Einsatz, Anstrengung
gereizt sein	nervös sein
Aufbruch *m*	*hier*: Verabschiedung
Bescheid sagen	benachrichtigen
ϟ Stress machen	nervös machen

Übung 9: Beantworten Sie die folgenden Fragen!

1. Warum hat Udo bei dem Unfall auch Kratzwunden bekommen?

   ___

2. Warum beschimpft Claudia ihren Mann mit „Landrat Peter“?

   ___

3. Warum hat Udo einen Artikel über den Unfall für die Zeitung geschrieben?

   ___

4. Warum macht Klara Stress mit dem Lernen?

   ___

4 Die Erpressung

Der Brief liegt am Morgen vor der Terrassentür. Peter findet ihn zuerst. Auf den braunen Umschlag sind Zeitungsbuchstaben geklebt: ein anonymer Brief. Gespannt öffnet Peter den Umschlag. Er erwartet Beschimpfungen, die mit seiner Kandidatur zusammenhängen, doch in dem Umschlag sind Fotos. Peter sieht das erste an, dann die anderen. Da ist sein Auto – ein kaputtes Fahrrad – Udo in den Brombeerbüschen. Jemand hat den Unfall also beobachtet. Da ist noch ein Zettel: „Stell das Auto heute Abend auf den Parkplatz am Freibad. Sonst erfährt die Polizei von der Fahrerflucht." Peter atmet tief ein. Jetzt reicht es ihm aber! Er denkt, dass Udo ihm diesen Brief geschickt hat. Sein bester Freund will ihn erpressen!

Erpressung *f*	Drohung, um etw. zu erreichen
gespannt sein	*hier*: neugierig sein
Beschimpfung *f*	Beleidigung
Freibad *n*	öffentliches Schwimmbad im Freien
Es reicht!	Schluss sein, genug sein
wutentbrannt	sehr zornig
Oberfranken *n*	Region in Bayern nahe der tschechischen Grenze

Während Peter sich wutentbrannt auf den Weg macht, arbeitet Udo in der Redaktion an seinem Artikel über die Droge Crystal Meth und ihre Verbreitung in Oberfranken. Das Thema beschäftigt ihn, aber mit dem Text ist er nicht zufrieden. Zu viele Fakten, zu wenig persönliche Geschichten. Udo liest den Text noch einmal: „In Oberfranken gibt es mehr Crystal-Abhängige als Alkoholiker. Wer Crystal einmal nimmt, der will es immer wieder. Crystal ist billiger als andere Drogen und leicht aus Erkältungspillen und Batteriesäure, Abflussreiniger oder Frostschutzmittel herzustellen. Die Zutaten werden in kleinen Drogenküchen zusammengemischt. Bis zu 400 solcher Küchen findet und schließt allein die tschechische Polizei pro Jahr. Auch in Deutschland wurden schon Crystal-Küchen entdeckt. Aber dort wird nur ein Bruchteil der Droge hergestellt. Irgendwo muss es ein großes Labor geben. Anders sind die Mengen von Crystal Meth auf dem Markt nicht zu erklären. Die Droge wird überall da verkauft, wo junge Leute sind: In Diskotheken, Klubs, Bars, im Fitnessstudio und auf privaten Partys. Dealer bieten oft eine kostenlose Probe an, um junge Leute auf den Geschmack zu bringen. Crystal kommt vor allem aus Tschechien nach Deutschland. Es wird von Banden geschmuggelt. 40 Kilogramm Crystal hat der Zoll im letzten Jahr beschlagnahmt. Experten glauben aber, dass jedes Jahr 2500 Kilogramm nach Deutschland kommen. Vor allem im Gebiet an der Grenze steigt

Alkoholiker *m*	Alkoholabhängiger
Abflussreiniger *m*	chemisches Mittel zur Reinigung der Abwasserleitung
Frostschutzmittel *n*	chemisches Mittel gegen das Gefrieren, z.B. von Wasser
Drogenküche *f*	Raum, in dem synthetische Drogen hergestellt werden
Bruchteil *m*	kleiner Teil
Labor *n*	Raum für naturwissenschaftliche, z.B. chemische oder medizinische, Arbeiten
Dealer *m*	(illegaler) Händler
jn. auf den Geschmack bringen	*hier*: jn. von der angenehmen Wirkung überzeugen
schmuggeln	illegal über eine Grenze bringen
Zoll *m*	*hier*: Grenzpolizei zur Kontrolle des Imports

die Zahl der Abhängigen stark an. Schon nach kurzer Zeit ruiniert die Droge den Körper …" In diesem Moment platzt Peter in die Redaktion hinein.

„Du versuchst, in mein Haus einzubrechen. Du schickst anonyme Briefe. Du willst mir und meiner Familie was anhängen. Warum?" Seine Stimme wird immer lauter. „Aus Neid. Weil ich Erfolg habe und du nicht. Ich kann dein Gejammer nicht mehr hören. Früher habe ich dich echt bewundert. Du warst ein hervorragender Journalist. Und was bist du heute? Du denkst nur noch klein-klein. Du suchst einen Schuldigen. Du denkst, der Unfall ist dein Problem? Du selbst bist das Problem. Wir haben dir nichts getan. Nichts!"

Eine Kollegin von Udo kommt dazu. Sie stellt sich zwischen Udo und Peter und schiebt Peter in Richtung Tür.

„Bitte!" Empört schüttelt Peter ihre Hand von seinem Arm. „Ich gehe freiwillig."

ruinieren	zerstören
ϟ in etw. hineinplatzen	plötzlich in eine Situation geraten
ϟ jm. etw. anhängen	beschuldigen
sich beruhigen	ruhig werden

Peter weiß, dass er sich beruhigen muss. Udo kann nicht zur Polizei, denn er war betrunken. Die Aufregung ist nicht gut für Peters Blutdruck. Und dieser Auftritt in der Zeitungsredaktion ist nicht gut für sein Image. Er versucht, ruhig zu atmen und langsam zu gehen. Ihm ist schlecht. Er geht durch die Fußgängerzone zu seiner Praxis. In einem Café bestellt er sich einen Espresso. Seine Hände zittern noch, als er das Zuckertütchen aufreißt.

Klara findet den anonymen Brief mit den Fotos auf dem Küchentisch. Genau wie ihr Vater denkt sie sofort an Udo. „Fahrerflucht", steht in dem Brief. Es war Fahrerflucht. Fahrerflucht und Erpressung. Ihr Vater hat Udo gar keine Chance gelassen. Er konnte nicht zur Polizei. Klara weiß jetzt, dass sie alles zugeben muss. Sie muss mit Udo sprechen, denn sie will nicht, dass dieser Unfall die Freundschaft zwischen ihrem Vater und Udo zerstört. Sie will, dass ihre Eltern wieder miteinander reden. Und sie will, dass ihr Vater wieder stolz auf sie sein kann. Klara geht heute nicht in die Schule. Sie geht zu Udo in die Redaktion.

Übung 10: Wandeln Sie die beiden Hauptsätze mit *dass* in eine Haupt- und Nebensatzkonstruktion um!

1. Peter ist sich sicher. Udo hat ihm den Erpresserbrief geschrieben.

   ____

2. Crystal ist gefährlicher als Alkohol. Udo will es im Artikel deutlich machen.

   ____

3. Experten haben es berechnet. 2500 Kilogramm Crystal kommen jedes Jahr nach Deutschland.

   ____

4. Peter sagt zu Udo: „Du selbst bist das Problem!"

   ____

5. Klara liest im Brief. Sie hat Fahrerflucht begangen.

   ____

Thomas sitzt bei Claudia im Behandlungszimmer. Er spielt mit seinem Autoschlüssel. Claudia sitzt hinter ihrem Schreibtisch und schaut ihn an. Sie hat Mitleid.
„Glaub mir, es ist die beste Lösung. Niemand kann immer gewinnen. Du musst sofort aufhören.“, sagt sie. Thomas weint. Claudia reicht ihm die Hand über den Schreibtisch. Thomas greift nach ihrer Hand und drückt sie.

Nach dem Espresso geht Peter gleich in die Praxis. Seine Sprechstundenhilfe ist sehr froh:
„Gut, dass Sie kommen! Das Wartezimmer ist brechend voll und Herr Brandl ist jetzt seit zwanzig Minuten bei ihrer Frau.“
Brandl! Thomas! Jetzt treffen sie sich schon hier in der Praxis. Peter merkt, wie er wütend wird. Er stürmt in das Behandlungszimmer. Doch seine Frau Claudia fühlt sich nicht einmal ertappt. Sie zieht nicht sofort ihre Hand zurück. Peter möchte Thomas am liebsten schlagen. Aber Claudia steht ruhig auf und bittet Peter in das Nebenzimmer.
„Es ist nicht so, wie du denkst“, sagt sie.
„Aha“, knurrt er.
„Jetzt hör mir doch mal zu! Thomas ist krank. Er nimmt Crystal. Er will aufhören, aber er kann nicht. Heute hat er das verstanden.

Chance *f*	Möglichkeit
zugeben	gestehen, die Wahrheit sagen
Behandlungszimmer *n*	Raum, in dem der Arzt die Patienten versorgt
Mitleid *n*	Gefühl, Schmerz eines anderen mitfühlend
Sprechstundenhilfe *f*	Person, die sich um die Termine des Arztes kümmert
↯ brechend voll sein	sehr voll sein
jn. ertappen	jn. bei Verbotenem überraschen

Ich fahre gleich mit ihm in die Klinik nach Hochstadt. Ich habe schon mit Dr. Härtl-Petri telefoniert. Bevor Thomas es sich wieder anders überlegt. Kannst du meine Patienten übernehmen?"
Peter nickt.
„Aber warum ist er damit nicht zu mir gekommen?", fragt er. Claudia streichelt ihm kurz übers Gesicht und lächelt traurig. Peter macht keine Mittagspause. Er versucht, sich auf die Patienten zu konzentrieren, aber immer wieder muss er an Thomas denken. Sein bester Freund nimmt Drogen und er selbst hat nichts bemerkt.

Übung 11: Lesen Sie weiter und korrigieren Sie die vier Fehler!

Dabei hatte er alles gesehen: die Nervosität, die zwanghafte Activität, das leichte Zittern, den Ausschlag im Gesicht. Crystal schädicht das Gehirn. Crystal macht die Nieren und die Zähne kaput. Es dauert lange, bis sich der Körper wieder erhohlt.

1. ______________ 2. ______________

3. ______________ 4. ______________

Nimmt Klara auch Crystal? Sie war so verändert in den letzten Tagen. Und dann dieser Autounfall. Wie kann Claudia so sicher sein, dass Klara keine Drogen nimmt? Die Sprechstundenhilfe

kündigt den letzten Patienten an. Es ist Udo. Peter ist überrascht. Udo bleibt in der Tür stehen und grinst.
„Darf ich reinkommen. Oder willst du mich wieder beschimpfen?“, fragt er.
„Nein“, antwortet Peter. Udo kommt ins Zimmer, setzt sich und legt die Fotos vom Unfall auf den Schreibtisch. Peter will etwas sagen, aber Udo winkt ab.
„Schon gut. Klara war eben bei mir. Sie hat mir alles gebeichtet. Du bist ganz schön gerissen. Wieviel Alkohol hatte ich denn nun wirklich im Blut?“
„1,1 Promille, wie ich gesagt habe. Ich setze doch nicht meine Zulassung als Arzt aufs Spiel.“
Udo nickt schweigend. Er denkt nach. Schließlich sagt er:
„Okay. Du hast vielleicht nicht die Wahrheit gesagt, aber auch nicht gelogen. Und du hast mich gleich verarztet. Ich würde die ganze Sache vergessen, aber ich hab[i] die Fotos nicht gemacht. Ich liege dort in den Brombeersträuchern. Wer auch immer die Fotos gemacht hat, ist bestimmt nicht

Ausschlag *m*	Hautkrankheit
ankündigen	über Zukünftiges informieren
etw. beichten	zugeben, was man Schlechtes gemacht hat
gerissen sein	schlau sein, an seinen eigenen Vorteil denken
etw. aufs Spiel setzen	etw. riskieren
jn. verarzten	jn. versorgen, behandeln

Bei bestimmten **Verbformen,** die als gut lesbar und unmissverständlich gelten, kann das **Schluss-e** entfallen:

Ich *hab* das nicht gewusst.

Dieses Lied *hör* ich gern.

Ich *lass* das nicht zu.

Ich *leg* das Buch auf den Tisch.

Im Deutschen entfällt ebenfalls ein **unbetontes -e- im Wortinneren.** Allgemein gebräuchlich ist die kürzere Form:

ich wechs*e*le – ich wechsle

mein Freund. Wer ist das? Was will er von dir?" Peter zuckt mit den Achseln. Er weiß es nicht.

Übung 12: Welche der folgenden Satzteile gehören zusammen?

1.	☐	Udo	a) nimmt Drogen.
2.	☐	Peter	b) geht zu Udo in die Redaktion.
3.	☐	Klara	c) macht keine Mittagspause.
4.	☐	Thomas	d) hatte 1,1 Promille im Blut.

5 Die Wahrheit

Klara läuft nach Hause. Sie ist erleichtert. Vier Stunden hat sie mit Udo gesprochen. Zuerst hat sie geweint. Sie hat erzählt, wie er plötzlich vor das Auto geraten ist. Wie sie nach dem Zusammenstoß angehalten hat, dass sie aber Angst hatte, auszusteigen. Dass sie nur noch an die Probeklausur gedacht hat und einfach weitergefahren ist. Erst zu Hause hat sie begriffen, was passiert war. Und ihr Vater wollte ihr nur helfen. Aber Lügen machen alles kaputt. Am Anfang hat Udo nur zugehört. Zum Schluss haben sie viel gelacht. Sie haben auch über Udos Kinder gesprochen. Über die Tochter, die kaum noch anruft. Und Klara hat ihm gesagt, dass sie toll findet, wie er sich um seine Kinder kümmert und dass er so oft nach Hamburg fährt. Es war ein Gespräch zwischen Erwachsenen. Mit ihrem Vater ist das selten so. Er belehrt sie oder entscheidet die Dinge selbst. Wie bei dem Unfall. Klar, er will nur das Beste. Aber Klara ist volljährig. Sie weiß selbst, was gut für sie ist. Die kleine Gasse zu ihrem Haus sieht sie heute mit anderen Augen – mit Abschiedsaugen. Hier ist sie groß geworden. Sie kennt alle Nachbarn und jeden Baum. Aber bald wird sie weggehen. Klara und ihre Familie wohnen am Ende der Gasse, fast im Wald. Im Winter kommen die Rehe in den Garten und im Frühjahr die

etw., jn. begreifen	etw., jn. verstehen
volljährig	nach dem Gesetz erwachsen (in Deutschland mit 18 Jahren)

Übung 13: Bilden Sie Hauptsätze mit Relativsätzen!

1. Ihr Vater hatte alles kaputt gemacht. Er hatte gelogen.

   ____

2. Sie freut sich auf große Städte. Die sind sehr laut.

   ____

3. Am Gartentor steht ein junger Mann. Er winkt ihr lässig zu.

   ____

4. Sie nehmen Crystal. Das macht abhängig.

   ____

5. Claudia lehnt ihren Kopf an Peters Schulter. Sie ist müde.

   ____

Fasane. Seit drei Jahren läuft ein Marder jeden Abend unter ihrem Fenster vorbei. Eine Maus lebt auf der Küchenterrasse und im Frühjahr blühen erst die Veilchen und dann die Butterblumen. So schön wie hier, sagt ihr Vater immer, wirst du es nie mehr haben. Klara weiß das. Aber sie freut sich auf große Städte, auf Verkehrslärm und viele Menschen in den Straßen. Dort ist man nie alleine. Ihre Mutter ist auch eher ein Stadtmensch. Sie hat manchmal Angst, weil das Haus so einsam liegt. Klara hat nie Angst. Sie vergisst oft, die Türen abzuschließen, oder sie lässt das Garagentor offen. Vor wenigen Tagen hat ihr Vater sie ermahnt, sie soll bitte abschließen. Auch das Gartentor. Und niemanden hereinlassen. Er hat mit ihr gesprochen wie mit einem kleinen Kind. So ist Papa. Als Klara zu ihrem Haus kommt, steht ein junger Mann vorm Gartentor. Er winkt ihr lässig zu. Klara glaubt es kaum. Es ist der Typ mit den schönen Augen, der den Ball unter ihrem Auto gesucht hatte. „Was machst du denn hier?“, fragt Klara erfreut.

Fasan *m*	Wildvogel
Marder *m*	wildlebendes Nagetier
einsam	allein
jn. ermahnen	jn. auffordern
lässig	locker, zwanglos
Außenseiter *m*	außerhalb einer Gemeinschaft Stehender
mitten im Leben stehen	Freude am Leben haben und es aktiv gestalten
nach Halt suchen	sich emotional festhalten wollen
schniefen	hörbar durch die Nase einatmen

Peter und Udo sprechen über Thomas. Udo weiß aus seinen Recherchen, dass Crystal-Konsumenten oft keine Außenseiter sind. Sie stehen mitten im Leben und haben Angst, aus dieser Mitte herauszufallen. Irgendwann halten sie den Stress nicht mehr aus. Dann suchen sie nach einem Halt. Sie schniefen Crystal, bis die Nase kaputt ist. Sie verlieren das Zeitgefühl und können keinen Termin mehr einhalten. Sie sind krank, ihr Leben ist kaputt. Erst dann merken die Menschen in ihrer Umgebung, was los ist. Auch Peter und Udo haben nur die perfekte Fassade gesehen. Sehen wollen. Sie hatten mit ihren eigenen Problemen zu kämpfen.
Peter liegt etwas auf dem Herzen: „Thomas hat gesagt, dass er Klara in Tschechien gesehen hat. Dort wo er sich das Zeug besorgt hat. Mit so einem Typen …“
„Frag sie einfach“, sagt Udo. „Klara ist eine sehr kluge, sehr

erwachsene junge Frau. Ich kann mir das nicht vorstellen." „Bei Thomas konnte ich mir das auch nicht vorstellen." Peter seufzt. „Ich habe sie gefragt. Sie hat nur Zigaretten gekauft, sagt sie. Aber ich habe so ein Kästchen unterm Auto gefunden. Da sind so kleine Kristalle drin."

Udo kann es nicht fassen: „Du hast was? Wo hast du das Zeug?"

Peter schließt einen Medikamentenschrank auf und holt die Metallbox heraus. Er öffnet sie.

„Crystal!", sagt Udo schockiert.

Übung 14: Lesen Sie weiter! Ergänzen Sie die fehlenden Verbformen!

wissen sein holen haben müssen sein

„Du **1.** ______ zur Polizei gehen. Die **2.** ______ das mit dem Magneten hier unters Auto geklebt. Klara **3.** ______ davon sicher nichts. Ihr **4.** ______ in Gefahr. Klara **5.** ______ in Gefahr."

„Aber ich habe mich erkundigt. Klara hat sich strafbar gemacht, weil sie das Zeug über die Grenze gebracht hat. Auch wenn sie nichts davon wusste. Ich will nicht, dass meine Tochter…"

„Peter!" Udo schreit den Freund an und drückt ihm den Telefonhörer in die Hand. Peter versucht es auf dem Handy und auf dem Festnetztelefon. Klara ist nicht zu erreichen.

Klara hat kein gutes Gefühl, als sie den jungen Mann mit auf das Grundstück nimmt. Er heißt Paul. Paul möchte etwas mit ihr besprechen. Er ist sehr nett. Doch sein Lächeln wirkt aufgesetzt. Seine Augen leuchten gar nicht mehr. Sie nimmt ihn mit hinein, obwohl ihr Vater gesagt hat, sie soll niemanden aufs Grundstück lassen. Als das große Gartentor hinter ihr ins Schloss fällt, ist ihr klar: Das war ein Fehler! Paul wird sofort zu einem anderen Menschen. Er zieht ein Messer aus der Tasche und geht auf sie zu.

„Was soll das?“, fragt Klara. „Ich schreie um Hilfe!“ Aber sie kann nur noch flüstern. Die Angst nimmt ihr die Luft. Sie weiß, dass die Situation ernst ist.

„Wo ist es?“, fragt Paul gereizt.

„Was meinst du?“ Klara ist verwirrt.

Paul schubst sie wütend vor sich her zur Garage. Das Garagentor steht offen. Alle Regale sind umgekippt, die Kisten mit Schrauben und Nägeln ausgekippt. ‚Wenn Papa das sieht…‘, denkt Klara. Paul fragt nach einer Box. Klara weiß von keiner Box. Paul glaubt ihr nicht, er wird immer aggressiver. Er schubst und schlägt sie. Er glaubt, sie stellt sich dumm. Klara versucht ihren Kopf und ihr Gesicht zu schützen. Sie fleht Paul an, aufzuhören. Dann begreift sie, dass er sie gar nicht hört. Klara betet. Sie betet, dass es bald zu Ende ist.

etw. nicht fassen können	*hier*: etw. nicht glauben können
Zeug *n*	abfällig: Sache
Magnet *m*	Metall, das Eisen anzieht
sich strafbar machen	etwas Illegales tun
aufgesetzt wirken	gespielt wirken
schubsen	anstoßen
umkippen	umwerfen
sich dumm stellen	so tun, als wüsste man nichts
jn. anflehen	jn. sehr bitten

Der Polizeidirektor, mit dem sich Peter verbinden lässt, versteht die Situation sofort. Peter ist erstaunt. Er hat gedacht, die Polizisten in dieser Stadt sind langsam und schon mit einem Einbruch überfordert. Doch schon zehn Minuten nach dem Anruf sind sie in seinem Haus. Die Polizisten kommen gerade noch rechtzeitig, um Paul und einen Komplizen, der in der Nähe in einem Auto wartet, festzunehmen. Die beiden gehören zu einer gefährlichen Drogenschmuggler-Bande ℹ. Durch die Festnahme der beiden gelingt es der Polizei, die ganze Bande aufzulösen. Klara wird mit einem Rettungswagen ins Krankenhaus gebracht. Sie hat schwere Verletzungen und muss operiert werden. Peter und Claudia warten die ganze Nacht vor dem OP-Saal auf die Nachricht der Ärzte. Peter fühlt sich schrecklich. Er will nicht weinen, doch er hat seine Freunde betrogen, seine Frau allein gelassen und seine Tochter nicht beschützt. Er allein hat Schuld an dieser Katastrophe. Und wenn Klara nicht überlebt ..? Claudia ist todmüde. Sie lehnt ihren Kopf an Peters Schulter und schläft ein. Peter ist froh, Claudia neben sich zu spüren. Sie und Klara sind das Wichtigste. Als am frühen Morgen sicher ist, dass Klara überlebt, weint Peter doch.

Übung 15: Richtig oder falsch? Kreuzen Sie die richtigen Aussagen an!

1. Klara findet es toll, wie sich Udo um seine Kinder kümmert. ❐
2. Peter spricht mit Klara wie mit einer erwachsenen Frau. ❐
3. Crystal-Konsumenten sind oft Außenseiter. ❐
4. Die Polizisten brauchen nicht lange, bis sie im Haus sind. ❐

Am nächsten Tag tritt er von seiner Kandidatur zurück, eine Woche vor der Wahl. Die Wählergemeinschaft ist sauer. Aber alle, die ihn kennen, nicken anerkennend. Vor allem Udo.
„Du bist einfach ehrlich", sagt er zu Peter am Stammtisch. Peter stutzt einen Augenblick. Dann lacht er laut.

Der **Bindestrich** wird im Deutschen u. a. eingesetzt, um das Lesen von unübersichtlich **zusammengesetzten Wörtern** zu erleichtern. In diesen Fällen kann, muss aber kein Bindestrich gesetzt werden.

„Und du? Hast du die nette Hebamme schon angerufen?" Udo schüttelt den Kopf. Dann lacht auch er. Der Stammtisch am Mittwochabend ist immer laut, aber niemanden in der Wirtschaft stört das. Im Gegenteil.

überfordert sein	nicht genügend Kraft bzw. Fähigkeit haben
Komplize *m*	Mittäter bei einem Verbrechen
Festnahme *f*	Festhalten durch die Polizei
Rettungswagen *m*	Auto, das Kranke oder Verletzte ins Krankenhaus fährt
Katastrophe *f*	schweres Unglück

Übung 16: Ergänzen Sie die Artikel und bilden Sie ein zusammengesetztes Wort!

1. ______ Haus ______ Tür ____________________
2. ______ Kaffee ______ Maschine ____________________
3. ______ Bahn ______ Hof ____________________
4. ______ Polizei ______ Wagen ____________________

5. ______ Auto ______ Unfall ____________________

6. ______ Apfel ______ Saft ____________________

7. ______ Sonne ______ Aufgang ____________________

8. ______ Tisch ______ Decke ____________________

9. ______ Wort ______ Buch ____________________

10. ______ Student ______ Ausweis ____________________

Riskante Liebschaften

1 Ein seltsamer Fall

Chefinspektor Hubert Schmiedl ist ein harter Hund. Zumindest sagen das die Kollegen, mit denen er Fußball spielt. Hubert Schmiedl ist 63 Jahre alt und hat zwei künstliche Knie. Aber er steht immer noch im Tor. Beim Spiel vor drei Wochen ist ein junger Leutnant mit Hubert Schmiedl zusammengestoßen. Der Ellenbogen des Leutnants hatte seinen Brustkorb getroffen. Der Leutnant war sehr besorgt, denn er ist noch in der Ausbildung. Auch sonst ist es nie gut, wenn der Chef am Boden liegt. Das kann böse enden. Aber Hubert Schmiedl war nach einigen Minuten wieder aufgestanden und hatte noch ein paar Bälle gehalten. Nach dem Spiel hatte er mit dem ängstlichen Leutnant ein Bier getrunken und gelacht. Das Lachen war schmerzhaft gewesen.

„Kein Wunder!“, hat der Arzt am nächsten Tag gesagt, „Die Rippe ist gebrochen.“ Zwei Wochen hat Hubert Schmiedl ausgesetzt. Heute war er wieder beim Training. Seine Teamkollegen haben ihn bewundert. Seine Frau fand ihn unvernünftig. Sie war schon im Bett, als er nach Hause gekommen ist. Aus Protest. Aber Hubert Schmiedl will keinen Streit. Der Abend mit der Mannschaft war schön, die Schmerztablette vorm Training hat gewirkt. Hubert Schmiedl will keine Diskussionen. Deshalb sitzt er jetzt allein vorm Fernseher und zappt durch die Programme. Es ist Freitagabend halb elf. Nichts interessiert ihn: Eine Talkshow. Die Wiederholung einer Komödie. Ein Dokumentarfilm über Satanismus. Ein Journalist kommt zu Wort: „Der Satanismus wird unterschätzt“, sagt er. „Dieser **Kult** wird auch heute noch zelebriert. Immer wieder werden auf unseren Friedhöfen Gräber **geschändet**. Den Satanisten geht es um Macht. Sie wollen über andere Menschen herrschen.“ Der Chefinspektor Hubert Schmiedl muss lachen. Er schaltet den Fernseher aus. Vor einem Monat hatte er so einen Fall. Ein junger Mann ist kurz nach Mitternacht auf die Polizeistation Plüddemanngasse gekommen. Er war aufgeregt und blutig im Gesicht und wollte eine **Anzeige gegen Unbekannt** erstatten. Er sagte: „Ich bin auf dem Sankt Peter Friedhof überfallen worden. Ich wollte auf dem Weg nach Hause eine Abkürzung nehmen. Plötzlich schlägt mich jemand zusammen.“ Die Beamten auf der Polizeistation haben den jungen Mann erst mal zum Alkoholtest geschickt. Ein **Streifenwagen** ist zum Friedhof gefahren. Dort war nichts. Am nächsten Tag hat sich der junge Mann entschuldigt. Er war in der Nacht so betrunken, dass er mit einem Grabstein zusammengestoßen ist.

„Das sind unsere Grabschändungen“, sagt Hubert Schmiedl laut, obwohl niemand da ist. Er ist an Publikum gewöhnt. Dass er im Moment allein ist, fällt ihm gar nicht auf. Das Diensthandy klingelt. Ein Toter in Sankt Peter. Hubert Schmiedl legt auf und

ϟ harter Hund	Person, die wenig Rücksicht auf andere und/oder sich selbst nimmt
aussetzen	eine bestimmte Zeit lang nicht teilnehmen
Protest *m*	Widerspruch
ϟ zappen	schnell durch verschiedene Fernsehkanäle schalten
Satanismus *m*	Verehrung des Teufels
Kult *m*	religiöse Praxis
etw. schänden	etw., das Achtung verdient durch eine Handlung beschädigen
Anzeige gegen Unbekannt *f*	eine strafbare Handlung bei der Polizei melden, ohne dass man den Täter kennt
Streifenwagen *m*	Dienstfahrzeug der Polizei

dahin sein	*hier*: verloren sein
rein zufällig	wirklich nicht geplant, nicht beabsichtigt

stöhnt. Das Wochenende ist dahin. Seine Frau wird sich freuen.

Der Tote ist Stefan Kirchhof. 52 Jahre, Professor und Leiter des Institutes für Molekulare Biowissenschaften in Graz[i]. Verheiratet, eine vierzehnjährige Tochter. Eine Frau hat ihn tot in seiner Villa gefunden und die Polizei benachrichtigt. Doch die Frau ist angeblich weder seine Ehefrau noch seine Freundin. Sie sei rein zufällig mit seinem Auto gefahren und habe die Haustür aufgeschlossen. Aber den Mann kenne sie nicht, behauptet sie.

Übung 1: Lesen Sie weiter! Nennen Sie pro Frage zwei Gründe!

1. Warum geht sie am Abend ins Schwimmbad?

a) ____________________

b) ____________________

2. Warum ist sie zum Haus des Toten gefahren?

a) ____________________

b) ____________________

„Ich habe es Ihnen doch schon erzählt. Es war genau so. Ich kenne den Mann nicht. Ich habe ihn noch nie gesehen und ich war noch nie in diesem Haus. Das ist nicht mein Auto. Das sind nicht meine Kleider. Das ist nicht meine Tasche. Das sind nicht meine

Schuhe. Ich war nicht seine Geliebte. Ich bin verheiratet. Ich habe zwei Kinder. Ich bin nur für ein Wochenende in Graz. Allein. Ich komme aus Deutschland. Mein Mann ist zu Hause mit den Kindern. Ich habe den Toten kurz nach zehn gefunden und die Polizei angerufen. Ich bin zu diesem Haus gefahren, weil ich schwimmen war. Im Eggenberg-Bad. Dort bin ich um kurz vor acht angekommen. Am Abend sind die langsamen Schwimmer weg. Ich mag nicht, wenn jemand die Bahn blockiert. Ich mag es, wenn ich Schwimmer auf der Bahn habe, die mich mitziehen. Ich schwimme gern hinter schnellen Schwimmern. Im Fahrwasser. Das spart Kraft. Ich bin drei Kilometer geschwommen. Da war weiter nichts. Immer fünfzig Meter hin und fünfzig Meter zurück. Das ist wie Meditation. Irgendwann war ich allein auf der Bahn. Und irgendwann war ich die Einzige in der Halle. Der Bademeister hatte schon Gummistiefel an und spritzte die Kacheln ab. Als ich mich umziehen wollte, war der Garderobenschrank, in den ich meine Sachen geschlossen hatte, offen und leer. Der Schlüssel steckte im Schloss. Der Schlüssel, den ich in der Hand hielt, hatte die Nummer von einem Schrank in einer ganz anderen Reihe. Ich habe mich gewundert. Dann habe ich den anderen Schrank aufgeschlossen. Darin waren fremde Kleider. Die Kleider, die ich jetzt trage. Ich habe an eine Ver-

Graz ist die **zweitgrößte Stadt Österreichs.** Die Universitätsstadt mit rund 300.000 Einwohnern gehört mit ihrer Altstadt und dem Schloss Eggenberg zum UNESCO-Weltkulturerbe.

Geliebte *f*	*hier*: Frau, mit der ein verheirateter Mann außerhalb seiner Ehe eine sexuelle Beziehung hat
Bahn *f*	*hier*: abgeteilte Spur für Schwimmer
etw. blockieren	etw. versperren
Bademeister *m*	Aufsichtsperson im Schwimmbad

wechslung gedacht. Ich bin zurück in die Halle gegangen, aber da war niemand mehr. Im hinteren Teil war das Licht bereits aus. Ich habe nach dem Bademeister gerufen. In so einer leeren Halle klingt ein Ruf ganz fremd. Es hallt. Plötzlich habe ich Angst bekommen. Alles war still. Ich bin zurück zur Umkleidekabine und habe die Kleider angezogen. Meine Handtasche war weg. Die Schlüssel, der Ausweis, die Kreditkarte. In der Handtasche im Schrank fand ich den Autoschlüssel, Zigaretten, ein Feuerzeug, ein Parfüm. Ich habe die fremden Sachen angezogen. Und dann habe ich am Eingang nach dem Bademeister geklingelt. Er hat mich behandelt, als wäre ich nicht ganz dicht.

hallen	der Schall wird reflektiert
ϟ nicht ganz dicht sein	nicht bei Verstand, verrückt sein
etw. aufklären	offene Frage lösen
Unannehmlichkeit *f*	unangenehme Sache, die Ärger verursacht
blinken	*hier*: leuchten der Fahrzeuglampen
Visitenkarte *f*	kleine Papierkarte mit aufgedrucktem Namen und aufgedruckter Adresse

‚Hören Sie', hat er gesagt, ‚es war ein langer Tag. Ich will nach Hause. Ich habe alle Schränke durchgesehen. Es sind keine Sachen liegen geblieben. Nur ein blaues Handtuch. Fahren Sie nach Hause, es wird sich alles aufklären. Sie wollen bestimmt keine Unannehmlichkeiten. Wenn ich jetzt die Polizei rufe, dann müssen Sie denen erklären, warum Sie sie gerufen haben. Was wollen Sie dann sagen? Ich selbst habe Sie heute Abend mit genau diesem Kleid und diesem Mantel gesehen.'

Er hat mir überhaupt nicht zugehört. Es war sinnlos mit ihm zu reden. Da bin ich gegangen. Ein einziges Auto stand vor dem Schwimmbad und es hat geblinkt, als ich auf den Schlüssel gedrückt habe. Ich habe mich reingesetzt. Es war sehr sauber und aufgeräumt. Keine Zettel, keine Visitenkarten. Aber im Navigationssystem war unter „Zuhause“ diese Adresse gespeichert. Was sollte ich machen? Ich wollte meine Sachen zurück, meinen Ausweis, meine Kreditkarte. Also bin ich hierher gefahren. Das Gartentor stand offen. Es brannte Licht. Ich habe durchs Fenster gesehen. Da lag der Mann. In der Manteltasche fand ich die Hausschlüssel. Ich habe aufgeschlossen und bin ins Haus gegangen. Der Mann war tot. Darum habe ich die Polizei angerufen. Ich wohne im Hotel Erzherzog Johann. Sie können dort anrufen. Mein Name ist Sabine Gessner. Ich komme aus Bonn.“

Übung 2: Bilden Sie Fragesätze! Fragen Sie nach dem unterstrichenen Begriff!

1. <u>Das</u> sagen seine Teamkollegen.

   ____

2. <u>Der Mann</u> hat sich entschuldigt.

   ____

3. Die Frau kennt <u>den Mann</u> nicht.

   ____

4. Sie war die Einzige <u>in der Halle</u>.

   ____

5. Frau Gessner kommt <u>aus Bonn</u>.

   ____

Hubert Schmiedl denkt nach: Ein Mann schickt Frau und Tochter

Mallorca *n*	span. Insel, bei Deutschen beliebtes Ferienziel
ϟ dumm gelaufen	Pech gehabt
gefasst sein	*hier*: ruhig sein
Rechtsmediziner *m*	Arzt, der z. B. untersucht, woran ein Mensch gestorben ist
Verteidiger *m*	*hier*: Position in der Hintermannschaft einer Ballsportart
Herzdruckmassage *f*	Massage des Brustkorbs zur Wiederbelebung nach einem Herzstillstand
Portier *m*	jd., der z. B. im Hotel an der Tür arbeitet
von Weitem	aus einer großen Entfernung
jn. ablösen	*hier*: den Arbeitsplatz von jm. übernehmen
nachfragen	noch einmal fragen, nachforschen

in den Osterurlaub ins Ferienhaus auf Mallorca, trifft sich zu Hause mit seiner Geliebten und wird von ihr ermordet. Dumm gelaufen. Die Ehefrau auf Mallorca reagiert am Telefon erstaunlich gefasst. Kein Schrei, keine Tränen, nur die nötigsten Nachfragen. Sie komme, sobald es geht, hat sie gesagt. Mit ruhiger Stimme. Eine schöne Stimme. Wie kann man nur eine Frau mit so einer Stimme betrügen?

Chefinspektor Schmiedl schaut sich den Toten an. Dessen Hemd ist zerrissen. Am Oberkörper hat er blaue Flecken.

„Sie hat versucht, ihn wiederzubeleben", sagt der Rechtsmediziner. Der Rechtsmediziner heißt Christian Ax und spielt in Schmiedls Fußballmannschaft als Verteidiger. Sie haben sich erst vor drei Stunden ins Wochenende verabschiedet. Aber mit den Kollegen, die Fußball spielen, kommt Hubert Schmiedl am besten zurecht. Sie haben Teamgeist und arbeiten schnell und zielgerichtet.

„Der Mann ist vor etwa fünf Stunden gestorben. Es gibt oberflächlich keine Anzeichen von Gewalt bis auf die Flecken, die von der Herzdruckmassage kommen. Morgen weiß ich mehr", sagt

Christian Ax und packt seine Sachen. Hubert Schmiedl nickt.

Übung 3: Welche Berufe verbergen sich hinter dem Buchstabensalat? Achten Sie auf die Groß- und Kleinschreibung!

1. fsroserpo ______________________
2. rorptei ______________________
3. itsbeeardme ______________________
4. lizpotsi ______________________

Später fährt Schmiedl ins Hotel Erzherzog Johann. Sabine Gessner wohnt tatsächlich hier. Der Portier[i] bestätigt, dass sie am Vormittag das Hotel verlassen habe und erst kurz nach 21 Uhr wiedergekommen sei. Sie habe aber nur kurz ihre Handtasche an der Rezeption abgegeben.

In die deutsche Sprache wurden viele **französische Fremdwörter** integriert, wie z. B.:
Appartement - kleine Wohnung
Courage - Mut
Dessert - Nachtisch
Engagement - Einsatz
sich genieren - sich schämen

„Wieso?“, fragt Schmiedl. Der Portier zuckt mit den Schultern.
„Sie war irgendwie komisch. Ein bisschen verändert. Vielleicht war sie beim Friseur? Ich hab sie aber nur von Weitem gesehen. Eine Kollegin hatte mich gerade abgelöst. Frau Gessner hat ihr gesagt, sie werde die Tasche später wieder abholen.“
Hubert Schmiedl schaut den Portier an. Der Portier erklärt es dem Chefinspektor noch einmal: „Wir sind eine gutes Hotel. Wir fragen nicht nach.“

2 Wer ist die Schuldige?

Atmung *f*	Luft holen
schwer	*hier*: stark riechend
nach Luft schnappen	kaum atmen können
jn. hänseln	jn. im Scherz ägern, sich über jn. lustig machen
jn. bestellen	*hier*: jn. auffordern zu kommen
förmlich	unpersönlich, sehr korrekt
Empörung *f*	emotionaler Protest
Rauschen *n*	gleichmäßiges Geräusch, z. B. durch Wind

Zur selben Zeit sitzt Katharina Schreiber bereits im Flugzeug nach Palma de Mallorca. Sie war vom Schwimmbad erst zum Hotel und dann zum Flughafen gefahren und hat diesen Last-Minute-Flug direkt am Schalter gebucht. Jetzt sitzt sie auf ihrem Sitz und versucht, den Kopf nicht zu bewegen. Die Augen hat sie geschlossen. Ihr ist schlecht. Sie versucht sich auf ihre Atmung zu konzentrieren. Einatmen. Ausatmen. Aber nur durch den Mund. Denn ihr Pullover riecht nach einer anderen Frau. Nach einem schweren Parfüm. Die Stewardess fragt, ob sie Kaffee möchte. Katharina öffnet nicht einmal die Augen. Sie schüttelt nur den Kopf. Katharina hat Angst, dass die Stewardess in ihren Augen sieht, was sie getan hat. Sie hat einen Menschen umgebracht. Sie ist eine Mörderin. Stefan ist tot. Plötzlich lag er vor ihr auf dem Teppich. Sie weiß nicht, was passiert ist. Sie hatten sich gestritten. Sie wollte von ihm in den Arm genommen werden und getröstet werden. Sie wollte nur, dass alles wieder gut wird.

Übung 4: Lesen Sie weiter und ergänzen Sie die richtigen Verbformen!

schreien | schmeißen | weinen | antworten | umarmen

Sie wollte sein Mitleid. Darum hat sie **1.** ______ und **2.** ______ und ein Glas nach ihm **3.** ______. Aber er hat sie nicht **4.** ______. Er hat ihr auch nicht auf ihre Fragen **5.** ______.

Er stand nur da und schnappte nach Luft. Wie so oft in den letzten Wochen. Als würde ihm jemand die Luftröhre abdrücken. „Ein Stein liegt auf meiner Brust", hat er immer gesagt. „Dein schlechtes Gewissen", hat sie ihn immer gehänselt. Diesmal hatte sein Luftschnappen sie wütend gemacht. Sie war so wütend. Erst bestellte er sie in sein Haus: „Komm zu mir", hatte er gesagt. Sie wollte dieses Haus eigentlich nie betreten. Aber er wollte nicht zu ihr kommen. Er wollte sich auch nicht in einem Hotel treffen. Irgendwann hat sie nachgegeben. Sie war das erste Mal bei ihm. Alles war aufgeräumt. Alles war weiß. Die Möbel, die Wände, das Licht. Wie ein Labor. Er war sehr förmlich. Er wollte Schluss machen. Katharina versucht sich zu erinnern, was passiert ist. Aber sie kann sich nur an ihre Empörung erinnern, an ihre Wut. Die Wut kam wie eine Welle. Sie rollte schnell heran. Dann hat sich die Welle überschlagen. Direkt über ihr. Plötzlich hat sie nichts mehr gesehen. Da war nur noch ein starkes Rauschen. Als sie wieder hören und sehen konnte, lag Stefan reglos vor ihr.

Übung 5: **Korrigieren Sie die vier Fehler!**

Irgenwann hat sie nachgegeben.

„Komm zu mir nach hause", hat er gesagt.

Sie war das erste Mahl bei ihm. Die Möbel waren weiss und die Wände auch.

1. ____________ 2. ____________

3. ____________ 4. ____________

Die Stewardess verteilt Sandwiches, Brote mit Käse und Salami. Sie legt auch eines auf Katharinas Tischchen. Katharina wickelt es aus und beißt hinein. Es schmeckt schrecklich. Der Bissen scheint immer größer zu werden. Sie hat das Gefühl, an dem Brot zu ersticken. Sie würde es gern ausspucken, aber sie hat keine Serviette, kein Taschentuch. Stefan hat nicht mehr geatmet. Sie konnte keinen Puls fühlen. Sie hat die Herzdruckmassage gemacht, dreißigmal. Dann Mund-zu-Mund-Beatmung, zweimal. Sie hat ihn angefleht. Sie hatte Angst, etwas in ihm kaputt zu machen. Sie hat mit ganzer Kraft auf seinen Brustkorb gedrückt. „Stefan, komm zurück. Hör auf zu spielen!" Hat sie das tatsächlich gesagt? Sie konnte nicht mehr. Es war zu spät. Er hat nicht geatmet. Das Herz hat nicht geschlagen. Sie hätte den Rettungswagen rufen können, aber was hätte sie sagen sollen? Etwa: „Ich habe diesen Mann gerade umgebracht. Ich weiß nicht wie. Bitte helfen Sie mir. Das ist sein Haus. Er hat gerade mit mir Schluss gemacht. Ich darf hier gar nicht sein. Seine Frau weiß nichts von mir. Sie darf nichts wissen." Katharina nimmt jetzt doch einen

ersticken	sterben, weil man keine Luft mehr bekommt

Kaffee. Der Kaffee ist sehr heiß. Sie verbrennt sich fast die Zunge. Aber sie muss wach sein. Sie muss sich wieder erinnern. Da ist ein schwarzes Loch zwischen dem Moment, als sie ihn vor Wut hätte umbringen können und dem Moment, als er da vor ihr lag. Es war nicht das erste Mal, dass sie nach einem Wutanfall einen Blackout hatte – eine Lücke in ihrer Erinnerung. Ihr Arzt hatte sie gewarnt: „Sie dürfen sich nicht von Ihrer Wut beherrschen lassen. Laufen Sie ihr davon, bevor Schlimmeres passiert." Jetzt ist das Schlimmste passiert. Stefan ist tot, ihre große Liebe ist tot. Aber Katharina hat kein Blut gesehen. Keine Verletzungen. Was hat sie nur gemacht?

Übung 6: Stellen Sie die Sätze in die richtige zeitliche Reihenfolge!

a) Herr Kirchhof atmet nicht mehr.

b) Frau Schreiber sitzt im Flugzeug nach Mallorca.

c) Der Arzt warnt Frau Schreiber vor ihrer Wut.

d) Herr Kirchhof bestellt Frau Schreiber in sein Haus.

1	2	3	4

‚Warum nur spielt sie dieses Theater?' Schmiedl trommelt mit den Fingern auf den Tisch. Er versucht, diese Frau zu verstehen. Sabine Gessner ist 30 Jahre alt und hat zwei kleine Kinder. Sie

Sachbearbeiter *m*	jd., der beruflich einen bestimmten Bereich zu bearbeiten hat
auf Anhieb	sofort, beim ersten Versuch
ϟ emotionaler Kühlschrank	ein Mensch, der keine Gefühle hat oder zeigt
Zufall *m*	unvorhersehbares, ungeplantes Geschehen

hat studiert, hat eine gute Ausbildung, sie arbeitet aber nicht mehr, seit die Kinder auf der Welt sind. Sie ist den ganzen Tag mit den Kindern zu Hause. Ihr Mann arbeitet beim Deutschen Luft- und Raumfahrtzentrum in Köln als Sachbearbeiter. Herr Gessner tat sehr besorgt am Telefon, seine Stimme klang aber irgendwie kalt. Und sehr korrekt. Ein Büromensch eben.

„Ich habe mir gleich gedacht, dass mit meiner Frau etwas nicht stimmt", hat er gesagt. „Sie hat sich seit Freitagmorgen nicht gemeldet. Sie war so anders beim letzten Telefongespräch. Als wäre sie nicht da. Als hätte das Leben nichts mit ihr zu tun. Ich komme heute nach Graz. Ich fahre gleich los."

Hubert Schmiedl mochte ihn auf Anhieb nicht. Das lag wahrscheinlich nur an seiner betont norddeutschen Aussprache. Alles was er sagte, klang so distanziert. ‚Sabine Gessner ist 30 Jahre alt. Sie fährt allein für einen Kurzurlaub nach Graz. Ihr Mann ist ein emotionaler Kühlschrank, die Kinder sind anstrengend, das Leben als Hausfrau langweilt sie. Sie sucht sich einen Liebhaber. Warum in Graz? Warum Stefan Kirchhof? Und warum bringt sie ihn dann um?', fragt sich Schmiedl, ohne die Antworten zu kennen.

3 War es Zufall ...?

„Ja. Doch. Sie haben Recht. Ich kenne den Mann. Aber das ist Zufall und hat überhaupt nichts mit meinem Wochenende in Graz zu tun. Ich habe ihn nicht getroffen. Ich war den ganzen Tag im Kunsthaus. Ich musste einfach mal etwas anderes sehen. Dort gibt es eine Videokunstausstellung.

Übung 7: Lesen Sie weiter und ersetzen Sie die unterstrichenen Wörter durch die entsprechenden Pronomen!

1. Videokunst macht mich nervös. Normalerweise.

   ____

2. Ich verstehe nicht, was die Künstler damit sagen wollen.

   ____

3. Aber gestern konnte ich mich im Raum auf einen Teppich setzen.

   ____

4. Das Video zeigt eine Szene an einem Strand. Ein Badeort.

   ____

Schlick *m*	feuchte Erde am Meer
Aufruhr *m*	*hier*: plötzliche Bewegung
Krim *f*	Halbinsel am Schwarzen Meer, beliebtes Feriengebiet
Kittel *m*	leichter Mantel als Arbeitskleidung
Vorlesung *f*	Vortrag vor Studierenden an der Universität
Gen *n*	*Fachwort der Biologie*: kleiner Teil der DNA
Stoffwechsel *m*	alle chemischen Vorgänge im Körper, bei denen Nahrung in Energie und Abfallstoffe umgewandelt wird
Unterernährung *f*	Krankheit durch zu wenig Essen
Kur *f*	vom Arzt veranlasster Urlaub zur Erholung
an der Grenze sein	*hier*: am Rand dessen sein, was man leisten kann

Die Menschen stehen im Schlick. Ich konnte den nassen Sand an meinen eigenen Füßen spüren. Plötzlich Aufruhr. Etwas ist passiert, aber man sieht nicht, was. Man sieht nur immer neue Personen. Und ihre Blickwinkel. Man möchte hingehen. Die Menschen auseinanderschieben. Endlich erfahren, was passiert ist. Aber man erfährt es nicht. Und man lernt, damit zu leben. Als ich klein war, sind meine Eltern im Sommer immer mit mir ans Schwarze Meer gefahren. Sie liebten die Krim. Unser Hotel lag direkt am Strand. Dort habe ich meine Ferien verbracht mit Kindern, deren Sprache ich nicht verstanden habe. Es war schön ... Ich habe mir das Video zehnmal angesehen. Mindestens. Es beruhigte mich.

Später habe ich im Café im Kunsthaus gegessen und in Katalogen geblättert. Ich war den ganzen Tag dort. Herrn Kirchhof habe ich nicht getroffen. Und wenn: Ich hätte ihn nicht mehr erkannt. Ich kenne ihn nur im weißen Kittel. Und das ist zwölf Jahre her. Auf der Straße wäre ich an ihm vorbeigelaufen. Ich habe Biochemie studiert, in Tübingen. Als ich 2003 anfing zu studieren, hat Herr Kirchhof dort Vorlesungen gehalten. Ich habe Ihnen das nicht erzählt, weil Sie sonst genau das gedacht hätten, was Sie jetzt denken."

Übung 8: Bringen Sie den Dialog in die richtige Reihenfolge!

a) Er hielt die Vorlesungen.

b) Ich habe in Tübingen studiert.

c) Also kannten Sie ihn doch.

d) Und dort haben Sie Herrn Kirchhof kennengelernt?

e) Wo waren Sie vor 12 Jahren?

1	2	3	4	5

„Ja, ich wusste, dass er in Graz lebt. An seinem Institut forscht eine Arbeitsgruppe über Gene, die eine Rolle im Fett- und Energiestoffwechsel spielen. Weltweit leiden genauso viele Menschen an Übergewicht wie an Unterernährung. Übergewicht ist ein gesundheitliches und wirtschaftliches Problem. Übergewichtige Menschen leiden an vielen Krankheiten. Sie benötigen Medikamente, Kuren, Krankenhausaufenthalte. Sie werden häufiger krankgeschrieben. Sie haben Rücken- und Konzentrationsprobleme. Bei Belastungen sind sie schnell an ihrer Grenze. Wenn man die Funktion der Gene für das Übergewicht versteht, kann man vielen Menschen helfen. Mich hat das immer interessiert. Früher wollte ich mich auf diesem Gebiet spezialisieren.

Asthma *n*	Erkrankung der Lunge
Animateur *m*	vom Hotel bezahlte Person, die helfen soll, einen Urlaub durch Sport und Spiele attraktiv zu gestalten
Sicherheitshinweis *m*	Hinweis auf mögliche Gefahren
Wertsache *f*	wertvoller, teurer Gegenstand
sich drehen um etw., jn.	*hier:* immer wieder zu einer Sache, zu einem Thema zurückkehren
jn. blind verstehen	jn. ohne viele Worte verstehen
zwischen jm. und jm. stehen	*hier im übertragenen Sinn:* zwei Personen voneinander trennen
Buchung *f*	Bestellung

Die Arbeitsbedingungen sind hervorragend. Diese Forschung wird finanziell gefördert. Unsere Gesellschaft kann sich nicht so viele Übergewichtige leisten. Ich hatte sogar schon eine Stelle. Aber mein kleiner Sohn hat schweres Asthma. Ich muss mich auf ihn konzentrieren. Herr Kirchhof kannte mich sicher nicht. Und ich weiß nicht mehr über ihn als Sie. Was alle wissen: Er hat eine Tochter. Eine Frau. Er ist ein großartiger Wissenschaftler. Er war. Es war alles so, wie ich Ihnen erzählt habe. Nicht ich habe meine Tasche zurück ins Hotel gebracht. Sonst wäre ich gleich dort geblieben. Ich hätte mich ins Bett gelegt. Mir geht es nicht gut. Ich habe schreckliche Kopfschmerzen. Ich weiß nicht, was hier passiert. Haben Sie eine Tablette für mich? Bitte!“

Am Flughafen in Palma de Mallorca wird Katharina Schreiber direkt in den Bus gesetzt, der sie zum Hotel bringen soll. Alles ist perfekt organisiert. Vor der Abfahrt des Busses steigen als Piraten verkleidete Animateure ein, die auf Deutsch Sicherheitshinweise geben. Kein Geld und keine Wertsachen mit an den Strand nehmen! Auf Taschendiebe achten! Dann verteilen sie noch Bonbons und Werbung für Ausflüge und Bootstouren. Katharina war noch nie auf Mallorca. Unter normalen Umständen wäre sie auch nie dorthin gefahren. Sie lehnt den Massentourismus ab. Der Bus hält gefühlt an jedem Hotel der Insel. Katharina findet eins schrecklicher als das andere. Und dazu die Urlauber. Alle laufen in Sommersachen herum: in kurzen Hosen, Kleidern, Sandalen. Katharina friert in Jeans, Pullover und dicker Jacke. Sie ist der Frau aus dem Schwimmbad dankbar für die praktische Kleidung. Nur ihre Sonnenbrille vermisst sie. Es ist so hell hier. Sie schließt die Augen und sofort drehen sich ihre Gedanken wieder nur um Stefan: ‚Er ist einfach umgekippt. Wenn ich mich nur erinnern könnte, was passiert ist! Er sagte, es sei aus. Wie konnte er so etwas sagen? Wir haben uns doch geliebt! Das war doch echt! Wenn wir gemeinsam irgendwo waren – in einer Ausstellung, im Kunsthaus – haben wir uns wie zufällig nebeneinander gesetzt. Wir haben nicht geredet. Trotzdem haben wir uns blind verstanden. Ich mochte das Spiel. Natürlich gab es seine Frau. Aber die stand nicht zwischen uns, die liebte er doch schon lange nicht mehr! Er liebte nur mich. Ich bin nicht eifersüchtig. Ich konnte sogar verstehen, dass er sich nicht von seiner Frau trennen wollte. Das hätte seiner Karriere geschadet. Und der Tochter. Aber es lief doch gut, wie es lief. Wieso wollte er dann Schluss machen? Wo wohl seine Frau jetzt ist? In diesem aufgeräumten weißen Haus? Ganz klar, dass in so einem Haus die Liebe stirbt. Sie wird das Haus verkaufen müssen. Gut so. Wenigstens das.‘

> Während man die **Anführungszeichen** bei der wörtlichen Rede verwendet, setzt man die **halben Anführungszeichen,** um beispielsweise einen inneren Monolog oder eine Anführung innerhalb einer Anführung zu markieren.

Nach drei Stunden ruft der Busfahrer: „S'Entrador Playa!" Das ist Katharinas Hotel. Die letzte Station. Cala Ratjada steht auf der Buchung. Katharina hat keine Ahnung, wo sie eigentlich ist. Morgen will sie zu Stefans Ferienhaus. Aber jetzt will sie einfach

Rücksicht nehmen auf jn.	auf die Wünsche von jm. achten

nur schlafen. Sie will allein sein. Sie will die Zimmertür hinter sich zumachen und sich die Bettdecke über den Kopf ziehen. Sie will mit niemandem reden. Aber die Hotelchefin nimmt darauf keine Rücksicht. Die persönliche Betreuung der Urlauber ist ihr wichtig. Die Hotelgäste sollen sich wie zu Hause fühlen. Sie sollen wiederkommen. Die Hotelchefin spricht fünf Sprachen und sie lacht viel und gern. Sie hat erst Mitleid, als Katharina Tränen in die Augen steigen. Die Hotelchefin streichelt Katharina über die Wange. „Das ist der Flug", sagt sie. „Sie haben nur nicht geschlafen. In zwei Tagen sieht die Welt schon wieder anders aus, glauben Sie mir."

Übung 9: Unterstreichen Sie das nicht geeignete Verb!

1. Man kann eine Zimmertür
   zumachen   zuziehen   schließen   zudrehen
2. Man kann eine Vorlesung
   besuchen   hören   rufen   halten
3. Man kann Übergewicht
   bekommen   abgeben   haben   verlieren
4. Man kann das Hotel
   aussuchen   empfehlen   leasen   buchen

4 ... oder Liebe?

Chefinspektor Hubert Schmiedl kommt mit Sabine Gessner nicht zurecht. Mal glaubt er ihr, mal glaubt er ihr nicht. Mal ist sie richtig schön, mal unscheinbar. Sabine Gessner hat schulterlange braune Haare und blaue Augen. Sie kann umwerfend lächeln. Aber im nächsten Moment zieht sie sich in sich selbst zurück, als würde sie einen Vorhang zuziehen. Man kann sie dann fast übersehen. Schmiedl versteht jetzt, was ihr Mann am Telefon meinte. Sabine Gessner ist nicht immer da, auch wenn sie da ist. Herr Gessner ist am Morgen angekommen. Ein großer hagerer Mann mit Brille. Er sagte „Binchen!“ und hat sie umarmt. Er sprach mit ihr wie mit einem Kind. Schmiedl sah, wie Sabine Gessner erstarrte. Wie sie verschwand. Schmiedl ist sich sicher: Sabine Gessner versteckt etwas. Sie lügt. Aber Schmiedl weiß nicht so genau, wann Sabine Gessner lügt. Sabine Gessner ist klug. Sie gehörte zu den besten Absolventen ihres Jahrgangs an der Universität Tübingen. Sie ist intelligent genug, um zu verstehen, dass ihre Geschichte unglaubwürdig klingt. Trotzdem

umwerfend	*hier*: sehr beeindruckend
etw., jn. übersehen	*hier*: etw., jn. nicht bemerken
hager	dünn, knochig
Absolvent *m*	jd., der eine Ausbildung/ein Studium erfolgreich abgeschlossen hat
unglaubwürdig	nicht glaubhaft, Zweifel hervorrufend

hält sie daran fest. Sie lässt sich durch Fragen nicht verunsichern. Sie verstrickt sich nicht in Widersprüchen. Alle ihre Angaben stimmen. Schmiedl hat mit dem Bademeister gesprochen. Der glaubte zwar nicht an eine Verwechslung der Garderobenschränke, er konnte diese Möglichkeit aber auch nicht ganz ausschließen. Schmiedl war auch im Kunsthaus. Er hat die Videoinstallation, die Sabine Gessner beschrieben hatte, sofort erkannt. Alles, was sie gesagt hat, stimmt. Und wenn tatsächlich jemand den Schlüssel zum Garderobenschrank vertauscht hat? Und wenn es nur ein Zufall war, dass es Sabine Gessner traf? Ausgerechnet Sabine Gessner, die bei Stefan Kirchhof studiert hat?

„Ich glaube nicht an Zufälle. Ich überlege die ganze Zeit, warum ich in diese Sache geraten bin.

Übung 10: Lesen Sie weiter und ergänzen Sie die fehlenden Verbformen!

vertauschen | sitzen | sein | frieren | geben

Es muss eine Lösung 1. ______. Ich weiß vielleicht, wer meinen Schlüssel 2. ______ hat. Vor dem Schwimmen 3. ______ ich in der Dampfsauna. Dort 4. ______ eine Frau. Sie 5. ______.

Das war nicht normal. Es war heiß in der Sauna. Wir waren allein in dem engen Raum. Sie saß mir gegenüber. Ich habe versucht, sie nicht anzusehen. Ich habe die Wassertropfen an der Wand beobachtet. Erst habe ich gedacht, dass sie mir ähnelt. Aber sie

sich in Widersprüche verstricken	sich durch gegensätzliche Aussagen in eine schwierige Lage bringen
vertauschen	mit oder ohne Absicht verwechseln
Dampfsauna *f*	Wellness-Raum, in dem es sehr heiß und sehr feucht ist
Urlaubssaison *f*	Hauptzeit für den Urlaub
Märchen *n*	erfundene zeitlose Fantasiegeschichte

hat so gefroren. Richtig gezittert hat sie. Nicht so wie ich. Mir ist nicht kalt. Mir ist nicht warm. Ich spüre manchmal nichts mehr. Sicher hat mein Mann mit Ihnen gesprochen. Er macht sich Sorgen. Er will mich zum Arzt schicken. Aber ich bin nicht krank. Ich bin nur müde. Wenn ich morgens aufstehe, könnte ich sofort ins Bett zurückfallen. Ich wollte sie fragen, ob ich ihr helfen kann. Aber ich habe sie nicht gefragt. Wie kann ich jemandem helfen? Sie ist vor mir gegangen. Mein Handtuch und den Schrankschlüssel hatte ich vor die Sauna auf eine Bank gelegt. Normalerweise trage ich den Schlüssel am Handgelenk. Aber in der Sauna wird das Metall zu heiß. Sie ist ein bisschen jünger als ich. Sie sieht mir auch ähnlich. Nein, sie ist viel schöner. War sie … hat er … haben sie sich geliebt? Hat sie ihn deshalb umgebracht? – Sie glauben mir nicht! Sie denken, ich bin verrückt! Habe ich mir alles nur ausgedacht? Ich bin mir da selbst nicht mehr so sicher. Vielleicht bin ich wirklich verrückt?“

In Cala Ratjada hat die **Urlaubssaison** gerade erst begonnen. Am Strand werden noch die Sonnenschirme und Liegestühle aufgestellt. Nur eine Strandbude ist geöffnet. Die Sonne scheint, aber es weht ein kräftiger Wind und das Wasser ist noch kalt. Familien mit kleinen Kindern und Rentner sitzen am Strand und schauen aufs Meer. Katharina ist die Einzige im Wasser. Sie ist weit hinausgeschwommen. Das Wasser trägt sie. Ihr fällt ein **Märchen**

Hexe *f*	böse, hässliche Zauberin im Märchen
verkuppeln	zwei Menschen zusammenbringen, damit sie ein Paar werden
in seinem Element sein	sich mit etw. besonders gut auskennen, sich bei etw. besonders wohlfühlen
ertrinken	sterben, weil man unter Wasser keine Luft mehr bekommt
flanieren	spazieren gehen, um sich zu zeigen

ein, dass Stefan ihr erzählt hat: Es war einmal ein König. Eine **Hexe** wollte ihre Tochter mit dem König **verkuppeln** und tötete deshalb die Königin. Aber der König mochte die Tochter nicht. Stattdessen erschien die Königin dem König jede Nacht im Traum. Die Hexe, die Böses tat wie andere atmen, konnte nichts tun. „Ich kann nichts tun", sagte die Hexe schließlich. „Die beiden haben sich mit dem Herzen erkannt. Da hilft mir kein Zauber." Stefan hatte ihr dieses Märchen nur ein einziges Mal erzählt. Er hatte Tränen in den Augen. Er hat sich nicht verstellt. Er hat sie nicht belogen.

„Er hat mich geliebt. Und ich ihn", sagt Katharina laut vor sich hin. Im Wasser **ist** sie **in ihrem Element**. Die meisten Urlauber stehen nur mit den Füßen im Meer. Keiner kommt ihr zu nah. Keiner sieht, dass sie weint. Katharina kann sich noch immer nur an Bruchstücke erinnern. „Lass mich es dir erklären", hatte er gesagt. „Hör mir doch zu." Aber sie wollte nicht zuhören. Jetzt ist es zu spät. Er kann es ihr nicht mehr erklären. Wie soll sie weiterleben? Mehrere Male schon ist sie unter Wasser getaucht und hat versucht, zu **ertrinken**. Aber immer wieder ist sie aufgetaucht und hat das Wasser ausgehustet. Sie will nicht sterben. Sie wird leben. Aber wie?[i]

In der gesprochenen Sprache werden innerhalb der Sätze öfter **Satzteile ausgelassen:**
[*Ich bitte Sie um*] Entschuldigung!
[*Möchten Sie*] Sonst noch etwas?
Was [*ist*] denn?

Hubert Schmiedl beugt sich nach vorn, stützt sich am Tisch auf und stöhnt. Wegen der gebrochenen Rippe kann er nicht so lange sitzen. Der ganze Brustkorb tut ihm weh. Und er muss immer an Sabine Gessner denken. Nach ihrer Frage hat er den Kopf geschüttelt. „Nein, ich denke nicht, dass Sie verrückt sind", hat er gesagt. „Ich denke, Sie sind einfach nur sehr unglücklich." Hubert Schmiedl war selbst von seinen Worten überrascht. Sabine Gessner hatte ihn angeschaut. Dann hatte sie gesagt: „Danke!" Mehr sagte sie nicht. Dieses „Danke!" bekommt Hubert Schmiedl nicht mehr aus dem Kopf. Sie ist wahrscheinlich eine Mörderin. Und er hat Mitleid mit ihr. Mehr als Mitleid.

Übung 11: Fragen Sie nach dem unterstrichenen Satzteil!

1. Der Chefinspektor glaubt Frau Gessner nicht.

   ____

2. Herr Kirchhof hat seiner Geliebten ein Märchen erzählt.

   ____

3. Die Hexe will ihre Tochter mit dem König verkuppeln.

   ____

4. Frau Gessner hat sich bei Hubert Schmiedl bedankt.

   ____

Katharina Schreiber sitzt in Cala Ratjada am Hafen und schaut den Urlaubern zu. Ein älterer Mann flaniert mit seiner jungen

Freundin auf der Promenade. Die Hosen der jungen Frau sind sehr kurz. Sie trägt sehr hohe Schuhe und ihre Lippen sind sehr rot. Der Mann führt sie wie eine Trophäe vor. Er schaut stolz um sich. Die Frau ist wirklich schön. Was will sie mit so einem alten Mann? Haben die Leute auch so geschaut, wenn Stefan und Katharina spazieren gegangen sind? Wenn sie sich in einer fremden Stadt getroffen haben, wo niemand sie kannte? Katharina vermisst Stefan. Sie versucht, sich an den Geruch seines Rasierwassers zu erinnern. Sie spürt seinen Arm, den er immer um sie legte. Sie schmiegt sich in Gedanken an ihn. Der ältere Mann setzt sich mit seiner jungen Freundin in ein Café und trinkt einen Espresso. Katharina läuft barfuß. Die Schuhe der Frau aus dem Schwimmbad sind zu klein. Katharina trägt sie in der rechten Hand. Es riecht nach Hitze. „Der Frühling auf Mallorca ist so angenehm", sagte Stefan immer. Das Klingeln der Radfahrer schreckt Katharina auf. Eine Gruppe von zwanzig Rennrädern überholt sie plötzlich. Stefan hatte sich erst vor kurzem ein neues Fahrrad gekauft und sich einer Trainingsgruppe angeschlossen, denn er wollte unbedingt wieder fit werden.

Übung 12: Kreuzen Sie die richtigen Aussagen an!

1. Auf Mallorca ist Hochsaison. ☐
2. Stefan war Ingenieur. ☐
3. Katharina hat Stefan geliebt. ☐
4. Die Schuhe der Frau aus dem Schwimmbad sind Katharina zu klein. ☐

Sie hat Stefan verloren. Sie hat ihn niedergeschlagen. Sie hat ihn totgeschlagen. Jetzt steht sie allein am Leuchtturm[i] und weiß nicht, wohin. Sie hat nichts zum Trinken mitgenommen. Ihre Zunge schmeckt salzig. Sie sieht keinen Weg mehr, nur Steine. Aber hinter ihr, unten in der Stadt kann Stefans Ferienhaus nicht sein. Katharina zieht die Schuhe an. Vielleicht gibt es Schlangen hier. Sie sucht einen Weg über die Steine zur anderen Seite des Berges. Dort sind Häuser. Der Blick könnte stimmen. „Der Leuchtturm ist hinten, nach vorn schaut man auf die Bucht. Es ist ein neues Haus“, hat er gesagt. „Auf dem Haus ist eine Dachterrasse. An der Treppe zur Dachterrasse ist eine Glasfront. Ein Fenster zum Himmel. Das Haus steht auf der Spitze eines Berges.“ Aber hier steht nicht nur ein Haus, hier stehen viele Häuser. An den Mauern kleben Fliesen mit den Namen: Casa Baumann, Casa Otto, Casa Müller, Casa Reichel. Woher haben die alle das Geld für ein Haus auf Mallorca? Was machen die im Sommer hier? Es ist jetzt schon heiß und der Mai hat noch nicht begonnen. Bestimmt verstecken sie sich tagsüber in ihren Häusern und kommen nur am Abend raus. Besuchen sich die Nachbarn auf einen Kaffee? Gibt

Promenade *f*	besonders breiter und gepflegter Weg für Spaziergänger
Trophäe *f*	bei einem Wettkampf gewonnener Preis
Rasierwasser *n*	After Shave, Männerparfüm
barfuß	ohne Schuhe und ohne Strümpfe
Leuchtturm *m*	hoher Turm, in dem eine Lampe Schiffen auf dem Meer Zeichen gibt
Casa *span.*	Haus

In der deutschen Sprache werden relativ häufig neue Substantive gebildet. Ein solches **Kompositum** kann auf vier verschiedene Arten gebildet werden:
1. Nomen + Nomen → der Fahrradschlüssel
2. Verb + Nomen → der Leuchtturm
3. Adjektiv + Nomen → das Weißbrot
4. Adverb + Nomen → die Rechtskurve

es Einladungen zum Abendessen? Kaum. Das Haus könnte es sein: Sehr modern. Sehr geschmackvoll. Klare Formen. Aufgeräumt. Katharinas Unordnung hat Stefan immer gestört. Sogar in ihrer Wohnung hat er Ordnung gemacht. Er hat Badschränke gekauft und Sortierkörbe. Die hat er mit Schildchen beklebt: Stifte, Briefumschläge, Papier. „Du bist wie ein Vater", hat sie zu ihm gesagt. Casa Kirchhof. Das Haus ist es. Die Dachterrasse im Wind. Man sieht nur Himmel und Meer. „Dort gibt es keine Probleme", hat er immer gesagt. „Dort gibt es nur die **Sehnsucht**." Auf dem windgeschützten Balkon liegt eine Frau. Ist das seine Frau? Warum sonnt sie sich noch? Warum ist sie nicht in Graz? Warum ist sie nicht bei ihm? Er wollte nie über sie sprechen. „Das hat nichts mit uns zu tun", hat er gesagt. Die Frau schaut zu Katharina herüber. Die Frau wird unruhig. Katharina weiß, dass sie gehen sollte. Aber sie bleibt stehen. Sie hat Durst. Soll sie die Frau um ein Glas Wasser bitten? Warum nicht? Die Frau kennt Katharina nicht. Sie weiß nichts von ihr. Ihr Mann ist tot und sie sonnt sich auf dem Balkon. War Stefan nicht auch Katharinas Mann? Ist das nicht auch Katharinas Balkon? Hier hat er doch immer gestanden und an sie gedacht. Gehört nicht ein bisschen von all dem auch ihr?

Sehnsucht *f* — Wunsch nach etw., jm., das oder der im Moment nicht erreichbar ist

5 Ein trauriger Tod

im Dienst	während der Arbeit
Herzversagen *n*	das Herz schlägt nicht mehr, arbeitet nicht mehr
Infarkt *m*	Absterben eines Organteils, weil es nicht mehr durchblutet wird; manchmal tödlich
skeptisch	zweifelnd

Es klopft. Hubert Schmiedl richtet sich sofort auf. Es ist Christian Ax, der Rechtsmediziner. Die Fußballmannschaft muss ja nicht wissen, dass ihr Torwart noch nicht fit ist.
„Schmerzen?", fragt Christian Ax mitfühlend. Schmiedl schüttelt tapfer den Kopf und versucht, gleichmäßig zu atmen [i]. Er hasst es, über Krankheiten zu sprechen. Besonders über eigene. Und schon gar nicht im Dienst. Christian Ax versteht schon. Er wird dienstlich.
„Es war kein Mord!", sagt er. „Stefan Kirchhof ist an plötzlichem Herzversagen gestorben. Er hatte ein krankes Herz. Er muss schon mehrere kleine Infarkte gehabt haben. Sonst keine Verletzungen. Kein Gift. Keine Gewalt."
Hubert Schmiedl ist skeptisch. „Bemerkt man solche Infarkte nicht? Warum ist er nicht zum Arzt gegangen?"
Christian Ax zuckt mit den Schultern und lächelt. „Nicht unbedingt. Denk an dich. Ein bisschen Schwindel, Unwohlsein, ein

> Man *kann* **Infinitivgruppen** durch ein **Komma** vom Rest des Satzes abtrennen. Man *muss* ein Komma setzen, wenn sie mit „als", „anstatt", „außer", „ohne", „statt" oder „um" eingeleitet werden.

urplötzlich	ohne Vorankündigung
zusammensacken	kraftlos hinfallen
Akte *f*	Ordner, Unterlagen
kratzen	*hier*: zeichnen
Modell sitzen	sich malen lassen
etw. verwischen	so über etw. reiben, dass es nicht mehr zu erkennen ist
kaum wagen	fast nicht den Mut haben

wenig Atemnot – du würdest das auch ignorieren. Es kann jeden treffen und jederzeit passieren. Urplötzlich sackt man in sich zusammen, man verliert das Bewusstsein, das Herz stockt. Besonders Sportler übersehen oft die ersten Anzeichen. Sie schieben es auf ihre Kondition und trainieren noch mehr. Bis sie umfallen. Frau Gessner hat alles versucht. Aber er hatte keine Chance."

Christian Ax legt die Akte auf den Tisch und klopft Hubert Schmiedl zum Abschied fest auf die Schulter. Hubert Schmiedl würde am liebsten laut aufschreien. Er hält sich die Rippe, als Christian Ax draußen ist.

„So ein Mist!" Er flucht leise vor sich hin. Kein Mord. Ein Unglücksfall. Und er hält eine Frau fest, die nichts getan hat. Sie lügt. Sie verbirgt etwas. Aber das allein ist doch nicht strafbar.

Katharina steht nicht mehr vor dem Ferienhaus der Familie Kirchhof. Sie ist zwei Häuser weiter gegangen und hat sich an den Straßenrand gesetzt. Sie wäre gern tiefer in Stefans Leben eingetaucht. Bevor Stefan und sie sich gestritten haben, hat sie sich ein bisschen in dem Haus in Graz umgesehen. Im Wohnzimmer hing nur ein Bild. Das Bild eines kleinen Mädchens. Es hatte die Beine angezogen und saß auf einem Sessel. Katharina kratzt mit einem Stock die Umrisse in den Straßenstaub. Wahrscheinlich war das Mädchen Stefans Tochter. Das Bild hat Katharina an ihren Vater erinnert. Ihr Vater war Maler. Als sie klein war, durfte sie ihm Modell sitzen. Katharina dachte, er malt sie, Katharina. Sie hat sich auf das Bild gefreut. Aber dann hat er auf ihren Körper den Kopf eines anderen Mädchens gemalt. Die Tochter der Nachbarn. Sie war genauso alt wie Katharina und hatte lange braune Haare. Katharina verwischt mit dem Fuß das Bild im Straßenstaub. Von diesem Tag an hat sie ihren Vater gehasst. Sie war froh, als er sie und die Mutter verlassen hat. Aber die Angst war ihr geblieben. Die große Angst, gar nicht gemeint zu sein.

‚Ich habe Stefan nicht geglaubt. Du liebst deine Tochter, du liebst deine Arbeit, aber mich liebst du nicht, habe ich ihm immer wieder gesagt. Es war mein Fehler', denkt Katharina.

Aber plötzlich erinnert sie sich an Stefans Worte bevor die Wut sie überrollte. Sie wagt kaum, an die Worte zu denken.

Übung 13: Bilden Sie die richtige Pluralform!

1. die tödliche Krankheit ____________________
2. der überarbeitete Arzt ____________________
3. der schlimme Unglücksfall ____________________
4. die böse Hexe ____________________
5. das hübsche Kind ____________________

Chefinspektor Hubert Schmiedl teilt Sabine Gessner mit, dass sie gehen kann.

„Was auch immer passiert ist zwischen Ihnen beiden, Sie haben ihn nicht ermordet. Er ist an plötzlichem Herzversagen gestorben", sagt Schmiedl zu ihr und schließt die Akte. „Sie haben kei-

etw. vorspielen	*hier*: Theater spielen, so tun als ob
in Watte packen	jn. zu vorsichtig behandeln
etw. zusammenknüllen	*meistens*: aus einem Blatt Papier eine Kugel machen
die Hand hinstrecken	*hier*: begrüßen

ne Schuld und sie müssen mir nichts mehr vorspielen. Sie haben versucht ihm zu helfen." Sabine Gessner schüttelt langsam den Kopf. „Ich war es wirklich nicht", sagt sie. Ihr Kinn beginnt zu zittern. Hubert Schmiedl schaut weg. Er ist gar kein harter Hund, wie seine Kollegen immer meinen. Es tut ihm weh zu sehen, welche Kraft Sabine Gessner aufbringen muss, um nicht zu weinen.

Plötzlich spricht sie leise und tonlos vor sich hin: „Es war einmal ein König. Eine Hexe wollte ihre Tochter mit dem König verkuppeln und tötete deshalb die Königin. Aber der König mochte die Tochter nicht. Stattdessen erschien die Königin dem König jede Nacht im Traum. Die Hexe, die Böses tat wie andere atmen, konnte nichts tun. ‚Ich kann nichts tun', sagte die Hexe schließlich. ‚Die beiden haben sich mit dem Herzen erkannt. Da hilft mir kein Zauber. Die Liebe ist stärker.'"

Sabine Gessner wirkt, als wäre sie sehr weit weg. Jetzt richtet sie sich auf und macht den Rücken steif. Hubert Schmiedl spürt ihre Abwehr, als er sie schweigend anschaut.

„Das ist ein Märchen [i]. Für meine Kinder. Ich möchte jetzt zu ihnen", sagt sie.

Ihr Mann wartet schon im Gang. Er hat die Kinder auf dem Arm. Er geht achtsam mit seiner Frau um und drückt ihr vorsichtig einen Kuss auf die Stirn. ‚Er packt sie so in Watte, dass sie kein Gefühl mehr für sich hat', denkt Hubert Schmiedl.

> Der Begriff **„Märchen"** ist in Deutschland eng mit Jacob und Wilhelm Grimm verbunden. Diese veröffentlichten 1812 die zuvor nur mündlich überlieferten deutschen Märchen.

Übung 14: Lesen Sie weiter und unterstreichen Sie die Perfektformen!

1. Hubert Schmiedl steht an der Bürotür und hat einen Zettel in der Hand.
2. Seine Assistentin hat ihm den Zettel gerade in die Hand gedrückt.
3. Er hat ihn gelesen.
4. Und jetzt hat er noch eine letzte Frage an Sabine Gessner.

Er ruft nach ihr. Sie dreht sich zu ihm um und sieht ihn an. Hubert Schmiedl hat noch nie so traurige Augen gesehen. Ihr Sohn zupft an ihrem Kleid. Sabine Gessner streichelt dem Kind übers Haar und lächelt mit Mühe. Hubert Schmiedl knüllt den Zettel zusammen. Er wollte fragen, warum Stefan Kirchhof am Freitag mehrmals auf ihrem Handy angerufen hat, wenn er sie doch gar nicht kannte.
„Machen Sie es gut", sagt er. Sabine Gessner nickt ihm dankbar zu.

Seine Tochter sitzt ganz vorn. Neben seiner Frau. Katharina Schreiber ist auf dem Weg zurück nach Deutschland. Sie fliegt im selben Flugzeug wie Frau Kirchhof und ihre vierzehnjährige Tochter. Soll Katharina ihnen die Hand hinstrecken? Soll sie sich vorstellen? „Schön, Sie endlich kennenzulernen! Ich habe ihren Mann getötet. Ich habe deinen Vater getötet. Aber keine Sorge, ich gehe gleich in Graz zur Polizei!" Sascha hat angerufen.

klappen	funktionieren
ϟ raus sein	in der Überlegung keine Rolle mehr spielen
jn. etw. in die Schuhe schieben	jm. die Schuld für etw. geben, jd. anderen in Verdacht bringen
Vermutung *f*	nicht bewiesene Überlegung, Annahme
beschützen	vor Gefahr bewahren
absurd	ohne Sinn, nicht zu verstehen
Verhältnis *n*	*hier*: Liebesbeziehung außerhalb der Ehe
unterschätzen	zu gering bewerten

Der treue Sascha. Er hat gesagt, dass mit der Frau im Schwimmbad alles geklappt hat. Die Polizei denkt, diese Frau ist die Täterin. Katharina ist raus, niemand bringt sie mit Stefan in Verbindung, niemand verdächtigt sie. Sie kann sich wieder sicher fühlen. Das alles war Saschas Idee. Sascha ist Bademeister im Eggenberg-Bad. Als sie nach dem Mord völlig panisch zu ihm gekommen war, hatte er den Plan gemacht: Die Schlüssel zu den Garderobenschränken zu vertauschen und damit einer anderen Frau den Mord in die Schuhe zu schieben. Katharina versteht nicht, dass Stefans Frau und seine Tochter den ganzen Flug über schweigen, dass sie gar nicht über ihn sprechen. Wollen sie nicht wissen, wer ihn umgebracht hat? Haben sie gar keine Vermutung? Wissen sie nicht von ihr? Wissen sie nicht, wie Stefan und Katharina sich kennengelernt haben? Sie haben sich im Kaufhaus kennengelernt. Sie hat ihm zwei Hemden verkauft. Katharina arbeitet im Kaufhaus, um ihr Studium zu finanzieren. Normalerweise erkennen die Lehrkräfte von der Uni sie nicht. Sie kaufen nur ein. Katharina ist die Verkäuferin. Eine Verkäuferin schaut man nicht mit Interesse an. Bei einer Verkäuferin ist alles klar. Aber Stefan hat Katharina erkannt. Er hat gefragt, warum sie nicht in der Uni ist, sondern Hemden verkauft. Sie haben sich immer wieder getroffen. Ein ganzes Jahr lang. Katharina wird zur Polizei gehen.

„Tu das nicht“, hat Sascha gesagt. „Warum willst du dich bestrafen?“ Sascha will Katharina immer beschützen. Er nimmt sie in den Arm, wenn sie weint. Stefan wollte keine Tränen. „Ich weine doch auch nicht“, hat er gesagt. Katharina sieht noch, wie sein Mund sich bewegt. Sie hat seine Stimme nicht mehr gehört, das Blut rauschte schon in ihren Ohren. Sie hat nur den Mund gesehen. Sie konnte es deutlich von seinen Lippen lesen. Er hat gesagt: „Ich habe dich mit einer anderen verwechselt, Katharina. Es tut mir sehr leid.“ Da hat sie zugeschlagen.

Hubert Schmiedl hat das Fußballtraining ausfallen lassen. Er sitzt mit seiner Frau beim Essen in einem guten Restaurant. Sie hat sich schön gemacht und Hubert Schmiedl schaut sie immer wieder an. Manchmal hört er besorgt auf sein Herz. Wie schnell kann alles vorbei sein. Seine Frau nimmt seine Hand.
„Und du hast ihr nichts gesagt?“, fragt sie. Hubert Schmiedl antwortet nicht sofort. Nein, er hat Katharina nicht gesagt, dass es noch eine Frau im Leben von Stefan Kirchhof gab. Es war eine absurde Situation. Beide Frauen waren heute kurz hintereinander zu ihm ins Büro gekommen. Zuerst Frau Kirchhof. Sie hatte von dem Verhältnis ihres Mannes gewusst. Ihr Mann wollte sich von ihr trennen. Aber nicht wegen dieser Verkäuferin, die so taktlos war, sich auf Mallorca[i] vor das Ferienhaus zu stellen. Nein, in Tübingen vor 12 Jahren hatte sich ihr Mann in eine Studentin verliebt. Aber er war bei der Familie geblieben. Frau Kirchhof hatte damals unterschätzt, was diese Studentin für ihren Mann bedeutete. Stefan Kirchhof selbst hatte es unterschätzt. Vor kurzem

> i
> Wenn man im Deutschen als Aufenthaltsort eine **Insel** angibt, benutzt man die **Präposition *auf*.** Falls es sich jedoch um ein **Land** handelt, verwendet man *in*:
> Ich bin ***auf*** Mallorca.
> Ich bin ***in*** Österreich.

hatten sich die beiden wiedergetroffen und Stefan Kirchhof hatte erkannt, dass er nur mit ihr leben wollte. Stefan Kirchhof und seine Frau hatten alles besprochen. Sie wollten sich vernünftig trennen. Schon wegen der gemeinsamen Tochter. Der Tod ihres Mannes tat ihr vor allem für die Tochter leid.

Übung 15: Kreuzen Sie die richtigen Aussagen an!

1. Stefan Kirchhof hat Katharina gemalt ❒
2. Katharina hat Stefan Kirchhof getötet. ❒
2. Hubert Schmiedl geht mit Sabine zum Essen. ❒
4. Stefan Kirchhof hat Sabine geliebt. ❒

Kurz darauf saß Katharina Schreiber bei ihm im Büro. Sie war ganz aufgelöst und versuchte zu erklären, wie sie Stefan Kirchhof umgebracht hat. Sie war überzeugt, seine Mörderin zu sein. Sie brach zusammen, als Hubert Schmiedl ihr erklärte, woran Stefan Kirchhof gestorben war. Was hätte es gebracht, ihr von Sabine Gessner zu erzählen, von der Frau, die sie selbst im Schwimmbad ausgesucht hatte? Katharina Schreiber wollte sich bei dieser Frau entschuldigen, aber Hubert Schmiedl hat ihr weder den Namen genannt noch die Adresse gegeben. Besser, wenn die Frauen nicht miteinander sprachen.
„Nein“, antwortet Hubert Schmiedl seiner Frau. „das Leben dieses Mannes war ein bisschen sehr kompliziert.“ Er drückt die Hand seiner Frau. „Wir haben doch eigentlich ein schönes Leben.“
Gerade als Hubert Schmiedl und seine Frau darauf anstoßen

wollen, klingelt das Diensthandy. Eine Grabschändung auf dem Sankt Peter Friedhof. Mit frischen Blutspuren. Chefinspektor Hubert Schmiedl legt auf. Das Essen kommt gerade. Hubert Schmiedl weiß nicht, wie er es seiner Frau sagen soll. Ihm fällt nur der Dokumentarfilm ein, den er im Fernsehen gesehen hat. Über Friedhöfe, Satanismus und den Wunsch der Satanisten, über andere Menschen zu herrschen. Dagegen muss man doch etwas tun! Seine Frau lächelt spöttisch und weist mit dem Kopf zum Ausgang.

„Geh schon", sagt sie.

Hubert Schmiedl küsst seine Frau auf die Stirn. ‚Ich liebe sie', denkt er. ‚Vielleicht sollte ich ihr das öfter sagen.' Aber im nächsten Moment hat er es schon wieder vergessen. Denn er ist mitten drin in einem neuen Fall.

aufgelöst sein	*hier*: verzweifelt sein
auf etw. anstoßen	feierlich die Trinkgläser aneinander stoßen

Übung 16: Welche Wörter gehören zusammen? Ordnen Sie zu!

1.	☐	Liebe	a) Weinen
2.	☐	Regen	b) Frau
3.	☐	Tag	c) Winter
4.	☐	Lachen	d) Durst
5.	☐	Freude	e) Land

6.	☐ Sommer	f) Nacht
7.	☐ Hunger	g) Sonne
8.	☐ Himmel	h) Trauer
9.	☐ Mann	i) Hass
10.	☐ Stadt	j) Erde

Das Lied vom Tod

1 Liebe macht blind

Donna Anna setzt gerade zu ihrer Schlussarie an, da ertönt ein Pfeifton in der Dunkelheit. Dann gehen alle Lichter des Opernhauses an. Eine mechanische Stimme wiederholt monoton immer den gleichen Satz: „Bitte verlassen Sie wegen einer technischen Störung umgehend das Haus."
Donna Anna hat die Arie abgebrochen. Die Musiker setzen nach und nach ihre Instrumente ab. Alle schauen sich fragend an. Doch es ist ernst. Das Haus muss geräumt werden. Innerhalb weniger Minuten verlassen 1700 Zuschauer und 200 Mitarbeiter die Oper. Diszipliniert. Ohne Panik. Sogar die Garderobe wird noch ausgegeben. Diese Ordnung ist fast beängstigend. Erst vor dem Opernhaus diskutieren die Menschen wild. Ist es ein Brand? Eine Bombendrohung?
Franz Specht nimmt einen tiefen Zug aus seiner Pfeife. Seine Assistentin Eva Hansen hustet im Nebenzimmer. In jedem Frühjahr leidet sie unter Heuschnupfen und Bronchitis. Normaler-

ansetzen	*hier*: gerade beginnen
Arie *f*	Gesangsstück in der Oper mit Orchestermusik und Gesang
Pfeifton *m*	Geräusch mit hoher Frequenz
monoton	ohne Abwechslung, immer gleich
umgehend	sofort
räumen	*hier*: einen Ort verlassen, frei machen
Pfeife *f*	*hier*: Gegenstand zum Rauchen von Tabak
Heuschnupfen *m*	Reaktion des Körpers auf bestimmte kleine Pflanzenteile

weise nimmt Franz Specht Rücksicht, aber beim Lesen dieses Zeitungsartikels hat er seine Assistentin glatt vergessen. Ein Fehlalarm hat die Premiere von „Don Giovanni" in der Oper in Frankfurt gestört. So etwas gab es noch nie. Und wird es so schnell auch nicht wieder geben.

‚Leider!', denkt Franz Specht und legt die Zeitung weg. Leider sind die technischen Anlagen des Nationaltheaters in München besser in Schuss als die der Oper in Frankfurt. Franz Specht muss heute Abend auch in die Oper gehen. In die Premiere von „Eugen Onegin". Das wird fast drei Stunden dauern. Und kein Fehlalarm wird ihn erlösen.

Oper erinnert Franz Specht an die Aufregung der Mutter vorm Kleiderschrank und an ihr Haarspray. Oper erinnert ihn an die Sockenhalter des Vaters und an seine sorgfältig gebundene Fliege. Oper erinnert ihn daran, wie seine eleganten, an diesem Abend fast vornehmen Eltern von einem Polizisten scharf zur Rede gestellt wurden. Sie hatten ihren sechsjährigen Sohn allein zu Hause gelassen. Ihn. Franz Specht. Seine Mutter hatte einen Teller Brote geschmiert und auf seinen Nachttisch gestellt. Mit Lippenstift hatte sie die Telefonnummer der Nachbarin an den Spiegel überm Telefon geschrieben. Zum Abschied hatte sie ihn zärtlich auf die Stirn geküsst.

Fehlalarm *m*	falsch, ohne Grund ausgelöste Warnung
ϟ in Schuss sein	in Ordnung, fit sein
jn. erlösen	jn. aus einer Notlage, aus einer unangenehmen Situation befreien
Sockenhalter *m*	Band, das verhindert, dass Strümpfe herunterrutschen
Fliege *f*	festliche Schleife, die um den Hemdkragen gebunden wird
vornehm	edel, fein
jn. scharf zur Rede stellen	jn. intensiv verhören, fragen; jm. etw. vorwerfen
Brot schmieren	eine Scheibe Brot mit Auflage bestreichen

„Du bist sicher, dass du keine Angst hast?", fragte sie.
Franz Specht hatte genickt. Er wusste, wie sehr sich die Mutter auf den Abend freute. Er hatte wirklich keine Angst. Noch nicht. Die Angst kam später. Als es in der Wohnung **knackte**. Als er einen Schatten vor dem Fenster sah. Als in der Nachbarwohnung etwas auf den Boden fiel. Als die Nachbarin nicht ans Telefon ging. Da rief er bei der Polizei an. Und weinte. Ein Polizist kam vorbei. Er blieb, bis die Eltern wieder zu Hause waren. An diesem Abend legte die Mutter ihr **Opernglas** tief in den Schrank und holte es nie wieder hervor. Auch das schöne lange blaue Kleid zog sie nie wieder an.

Übung 1: Halten Sie die Infinitive der Verbformen fest!

1. Die Eltern hatten ihren Sohn allein gelassen.

   ____

2. Später bekam er Angst.

   ____

3. Sie zog das Kleid nicht mehr an.

   ____

4. Sein Leben wurde umgekrempelt.

   ____

5. Ein Schatten war schuld.

   ____

Opern schaut sie bis heute nur noch im Fernsehen an. Als er klein war, musste Franz Specht sie sich mit der Mutter gemeinsam ansehen. Der Lautsprecher des Fernsehers schepperte bei den hohen Tönen. Manchmal passierte auf der Bühne minutenlang nichts. Nur Gesang. Schrecklich. Franz Specht bekommt Gänsehaut, wenn er nur an Oper denkt. Er allein würde niemals in „Eugen Onegin" gehen, aber Luisa hat es sich gewünscht. Luisa! Seit vier Wochen krempelt sie sein Leben um. Sie ist das komplette Gegenteil von ihm. Luisa kocht vegan. Luisa macht Sport. Luisa redet ohne Pause. Abends um 10 Uhr schleppt sie ihn noch in eine Bar oder ins Kino. Sie nimmt keine Rücksicht auf sein Bedürfnis nach Ruhe. Sie lacht viel. Ihr Lachen ist ansteckend. Mit Luisa ist plötzlich Bewegung in sein Leben gekommen. Franz Specht hat seine schwere Lodenjacke in den Schrank gehängt. Er trägt jetzt Jeans und Pullover. Er hat sogar ein bisschen abgenommen. Er ist verliebt. Sein Leben ist noch nicht zu Ende. Es fängt erst richtig an. Manchmal singt er vor Freude vor sich hin. Nur im Büro ist er der Alte. Es wäre ihm peinlich, seiner Assistentin zu sagen, dass er eine Freundin hat. Er hat ein schlechtes Gewissen. ‚Aber Eva bekommt zurzeit sowieso wenig

knacken	Geräusch, z. B. wenn Holz bricht
Opernglas *n*	Fernglas für das Theater
etw. umkrempeln	etw. verändern
scheppern	blechernes Geräusch
Gänsehaut *f*	Haut, die sich zusammenzieht und bei der sich die Haare aufrichten
vegan	Ernährungsweise, die auf tierische Produkte verzichtet
jn. schleppen	jn. mitziehen
Bedürfnis *n*	dringender Wunsch
Lodenjacke *f*	Jacke aus festem Wollstoff, traditionelles bayerisches Kleidungsstück
ein schlechtes Gewissen haben	sich schuldig fühlen

mit', glaubt Franz Specht. Und er denkt: ,Ich bin ja nicht mit meiner Assistentin verheiratet.' Eva ist mit ihrer Allergie beschäftigt. Seit Tagen trägt sie eine Sonnenbrille im Büro, weil ihre Augen ganz geschwollen sind. Wie soll Franz Specht es ihr auch erklären? Soll er sagen: „Eva, ich habe meine große Liebe getroffen"?

Dieses erste Zusammentreffen mit Luisa war seltsam gewesen. In Franz Specht hatten schrill alle Alarmglocken geläutet.

Übung 2: Lesen Sie weiter und korrigieren Sie die vier Fehler!

„Das ist kein Zufal. Diese Frau hat dich aufgelauert", sagte ihm seine innere Stimme. Jezt kann er darüber nur lachen. Seine berufsbedingte Vorsicht hätte ihm fast um die schönste Zeit seines Lebens gebracht.

1. ____________________ 2. ____________________

3. ____________________ 4. ____________________

Luisa ist umwerfend. Luisa will in die Oper. Also geht Franz Specht mit. Aber er ist gern vorbereitet. Deshalb schiebt er seine Akten beiseite und nimmt den Opernführer aus der Tasche, den er sich heute auf dem Weg zur Arbeit gekauft hat und liest:
„Tatjana verliebt sich in Eugen Onegin, den arroganten Freund des Verlobten ihrer Schwester Olga. Tatjana schreibt Onegin einen langen sehnsuchtsvollen Brief, doch Onegin macht sich über den Brief lustig und flirtet mit Olga, um Tatjana zu verletzen. Olgas Verlobter Lenski fordert seinen Freund zum Duell

und wird dabei von Onegin erschossen. Dieser Tod ist völlig sinnlos, denn Onegin war nie an Olga interessiert. Er ist jedoch nicht so kaltherzig, wie er immer tut. Der Tod des Freundes belastet ihn schwer. Er geht fort. Jahre später trifft er Tatjana wieder. Sie ist jetzt eine junge, schöne, selbstbewusste Frau und verheiratet. Onegin verliebt sich sofort in sie. Er spricht sich mit ihr aus und bittet sie um Verzeihung. Aber es ist zu spät. Tatjana steht zu ihrem Ehemann. Onegin hat keine Chance."

‚Armer Kerl', denkt Franz Specht. Die Geschichte berührt ihn. Ein Mann, der mit den Gefühlen einer Frau spielt. Und als es ihm ernst ist, wird er zurückgewiesen. Unangenehme Situation! Franz Specht schaut durch die geöffnete Bürotür zu Eva Hansen hinüber. Er sieht ihre blonden Haare. Mit Eva wäre ihm das vielleicht genau so passiert. Wie gut, dass er nie etwas gesagt hat. Wie gut, dass Luisa jetzt da ist. Mit Luisa ist alles einfach. Und gleichzeitig kompliziert. Das

schrill läuten alle Alarmglocken	*übertragen*: man empfindet die höchste Warnstufe
jm. auflauern	auf jn. warten, ohne dass derjenige davon weiß
jn. um etw. bringen	jm. etw. nicht geben oder wegnehmen
Opernführer *m*	Buch, in dem der Inhalt von Opernstücken beschrieben wird
Verlobter *m*	Person, die das Eheversprechen gegeben hat
flirten	jm. durch sein Verhalten zeigen, dass man ihm gern näherkommen möchte
zum Duell fordern	zum (tödlichen) Zweikampf auffordern
jn. erschießen	jn. mit einer Pistole, einem Gewehr töten
selbstbewusst	selbstsicher
sich aussprechen	sagen, was einen bewegt
jn. berühren	*hier*: jn. emotional bewegen
etw., jn. zurückweisen	etw., jn. ablehnen

ist die perfekte Mischung. Franz Specht macht heute früher Schluss. Er besucht seine Mutter. Sie ist 72 Jahre alt. Seit sein Vater gestorben ist, verbringt sie viel Zeit mit ihren Freundinnen. Aber Franz Specht hat Glück. Sie ist zu Hause.

Übung 3: Kreuzen Sie die inhaltlich falschen Sätze an!

1. Franz Specht liebt die Oper. ❐
2. Er will seiner Sekretärin nichts von Luisa erzählen. ❐
3. Eugen Onegin flirtet mit Tatjana. ❐
4. Die Geschichte von Eugen Onegin lässt Franz Specht kalt. ❐

„Du gehst in die Oper?“, fragt seine Mutter überrascht und sucht im Kleiderschrank nach dem alten Opernglas. Sie gibt es ihrem Sohn. Franz Specht schaut, wie schon als Kind gern, verkehrt herum durch das Opernglas. Er sieht seine Mutter jetzt ganz klein und weit entfernt. Sie sieht besorgt aus.
„Wenn das mal gut geht!“, sagt sie. Franz Specht gibt ihr einen Kuss und lacht. Das Lachen hat er von Luisa.

2 Die verhängnisvolle Premiere

Franz Specht fährt mit der U-Bahn zum Nationaltheater. Er trägt seinen alten Smoking. Das Opernglas hat er in einem Stoffbeutel mitgenommen. Er sieht ein bisschen seltsam aus: zu fein für die U-Bahn, aber nicht fein genug für die Oper. Alle schauen ihn an. Aber ihm macht das nichts. Er ist glücklich. Vom Marienplatz läuft er. Es ist Frühling. Alles blüht. Franz Specht zupft eine weiße Blüte von einem Strauch. Sie passt gut zu Luisa, findet er. Als er sie vor der Oper mit einer Umarmung begrüßt, steckt er sie ihr heimlich ins Haar und freut sich darüber.

„Gut siehst du aus", sagt er und Luisa schmiegt sich lachend an ihn. Sie warten auf Luisas Freundin Ines. Sie ist die Regisseurin. Sie hat „Eugen Onegin" inszeniert.

Luisa spricht mit großer Bewunderung von ihr: „Ines ist schön, Ines ist klug, Ines ist genial."

Vor allem ist sie sehr bleich, findet Franz Specht, als Ines ihnen die Freikarten bringt. Sie sieht krank aus.

Smoking *m*	festliche Anzugjacke
Stoffbeutel *m*	Tasche aus Stoff
zupfen	mit den Fingerspitzen ziehen
heimlich	versteckt
sich anschmiegen	sich eng anlehnen
Regisseurin *f*	Person, die ein Theaterstück, eine Oper auf die Bühne bringt, gestaltet
Bewunderung *f*	Verehrung
bleich	blass, weiß
Freikarte *f*	kostenlose Eintrittskarte

„Geht es deiner Freundin nicht gut?“, fragt Franz Specht, nachdem Ines wieder weg ist. Luisa nickt.
„Ich mache mir Sorgen um sie. Sie lebt über ihre Kräfte. Ich versuche ihr zu helfen. Aber sie glaubt nicht an Homöopathie. Ich fürchte, sie nimmt die Arzneimittel gar nicht.“
Franz Specht hat bisher auch nicht an Homöopathie geglaubt. Aber Luisa erzählt ihm viel darüber. Es ist ihr Lieblingsfach in der Schule. Sie macht eine Ausbildung zur Heilpraktikerin. Sie hat zuerst Betriebswirtschaft studiert. Dann hat sie als Anlageberaterin gearbeitet. Aber die Arbeit im Büro hat sie gelangweilt. Gewinne und Verluste, immer nur Zahlen ... Deshalb hat sie vor einem Jahr alles hingeschmissen: ihren Beruf, ihre Karriere, eine langjährige Beziehung. Und sie hat noch einmal ganz von vorn angefangen.

über seine Kräfte leben	sich gesundheitlich durch Überanstrengung schädigen
Homöopathie *f*	alternative Heilmethode
Arzneimittel *n*	Medizin
Heilpraktikerin *f*	Beruf, Heilkundige (keine Ärztin)
Betriebswirtschaft *f*	Wissenschaft, die sich mit der Organisation und Leitung von Firmen beschäftigt
Anlageberaterin *f*	jd., der hilft, aus wenig Geld viel Geld zu machen
Gewinn *m*	postive Differenz von Einnahmen und Ausgaben
Verlust *m*	Gegenteil von Gewinn
hinschmeißen	*hier*: plötzlich abbrechen, aufhören
langjährige Beziehung *f*	Partnerschaft, die über mehrere Jahre andauert

„In der Homöopathie lernt man nicht die Krankheiten kennen, sondern die Menschen“, sagt Luisa. „Es ist wichtig zu verstehen, wie ein Mensch ist. Dann kann man ihn auch heilen.“
Vor zwei Wochen hatte Franz Specht starke Halsschmerzen. Luisa hat ihm vor dem Schlafen fünf Kügelchen gegeben. Mitten in

der Nacht ist er aufgewacht und die Schmerzen waren weg.
„Was hast du mir gegeben?", hat er sie gefragt.
„Gifteiche", hat sie geantwortet. „Die ist für Menschen geeignet, die ihre Gefühle nicht zeigen können."
Franz Specht hat gelacht und sich bedankt.

Kügelchen *n*	kleine Kugel, spielt als homöopathisches Heilmittel eine große Rolle
Gifteiche *f*	giftiges Heilmittel
Motiv *n*	Beweggrund
Zeitlupe *f*	Zeitdehnung, Abläufe sind langsamer als in Wirklichkeit

Sie haben in den letzten Wochen viele Gemeinsamkeiten in ihren Berufen gefunden. Auch er beobachtet ja Menschen. Er muss erkennen, ob sie die Wahrheit sagen oder lügen. Er muss ihre Motive erkennen. Luisa interessiert sich für seine Arbeit. Sie interessiert sich für seine Methoden. Franz Specht denkt im Gespräch mit Luisa über Dinge nach, über die er noch nie nachgedacht hat. Er braucht nur sie. Wenn er mit ihr spricht, wird das Leben um ihn herum langsamer. Die Menschen bewegen sich in Zeitlupe und er nimmt sie ganz anders wahr. Er achtet auf Kleinigkeiten, auf Bewegungen, auf die Mimik. Als würden er und Luisa vor einer Glasscheibe stehen und der Rest der Welt ist dahinter. Auch jetzt im Opernhaus.

Die Bildung von Substantiven aus Adjektiven nennt man **„Substantivierung".** Als Ableitungsmittel stehen in erster Linie die **Nachsilben** (Suffixe) „-heit", „-(ig)keit" sowie „-e", „-ling", „-nis" und „-tum" zur Verfügung:

klug + -heit → Klugheit

gemeinsam + -keit → Gemeinsamkeit

breit + -e → Breite

schön + -ling → Schönling

geheim + -nis → Geheimnis

reich + -tum → Reichtum

Übung 4: **Ordnen Sie den Begriffen die passende Definition zu!**

1. ☐ Frühling	a) Bewegung des Gesichts
2. ☐ Smoking	b) Jahreszeit
3. ☐ Motiv	c) Grund für ein Handeln
4. ☐ Mimik	d) Kleidungsstück

„Der Mann mit der Brille und den grauen Haaren ist der Intendant", sagt Luisa.
Franz Specht erfährt, dass der Intendant ein schwieriger Mensch ist. Nach außen intellektuell und mutig, nach innen ängstlich und feige. Er will keinem weh tun und am liebsten keine Entscheidungen treffen. Wenn es ernst wird, weint er.
„Woher willst du das wissen?", fragt Franz Specht.
„Von Ines", sagt Luisa. „Die beiden sind wie ein altes Ehepaar. Er hasst sie, weil er ihre künstlerischen Ansprüche nicht erfüllen kann. Sie hasst ihn, weil er sich nie klar äußert. Er möchte sie gern wieder loswerden. Nur weiß er nicht, wie."
Franz Specht beobachtet den Intendanten. Der Intendant begrüßt wichtige Premierengäste. Er macht das gut. Er wirkt sicher und sympathisch, findet Franz Specht.

Intendant *m*	Theaterleiter
feige	ängstlich
ernst werden	*hier*: darauf ankommen
Anspruch *m*	Forderung
erfüllen	*hier*: nachkommen, völlig entsprechen
klar äußern	deutlich sagen
etw., jn. loswerden	etw., jn. abschieben, entfernen

„Das ist nur vorgespielt“, sagt Luisa. „Die Frau neben ihm ist die Prinzessin.“
„Was für eine Prinzessin?“, fragt Franz Specht.
„Die Operndirektorin. Sie engagiert die Sänger“, sagt Luisa. „Die Operndirektorin beeinflusst die Karrieren der Sänger. Sie entscheidet, wer wo was singen darf. Dafür will sie hofiert werden wie eine Prinzessin. Die Prinzessin ist eifersüchtig auf jede Frau im Haus, die mehr geliebt wird als sie selbst.“
„Zum Beispiel auf Ines?“, fragt Franz Specht. Luisa nickt.
„Ja. Sie hat der Prinzessin dummerweise den Freund ausgespannt, einen Heldentenor. Er ist verheiratet. Seine Frau singt im Chor“, antwortet Luisa.
Die Operndirektorin lächelt mit breitem Mund einem Mann zu.

jn. engagieren	jn. (v. a. Künstler) beschäftigen
jn. hofieren	jn. übertrieben höflich und aufmerksam behandeln
jm. jn. ausspannen	jm. jn. wegnehmen
etw. verreißen	schlechte Kritik über etw., z.B. in der Zeitung, schreiben
etw. niedermachen	etw. öffentlich sehr negativ beurteilen

Übung 5: Lesen Sie weiter und bilden Sie die Verbform des Präteritums!

„Der Opernkritiker“, sagt Luisa. "Jedes Stück von Ines hat er bisher 1. verrissen ______________. Niemand 2. versteht ______________, welches Problem er mit ihr 3. hat ______________. Das Publikum 4. jubelt ______________, aber er 5. macht ______________ das Stück nieder. Er ist die Presse. Als Journalist hat er die Macht dazu.“

aushalten	ertragen
stöhnen	klagendes Geräusch von sich geben
Tragik *f*	schweres trauriges, oft von außer hervorgebrachtes Leid
depressiv	(krankhaft) in trauriger Stimmung
Gong *m*	*hier*: Zeichen zum Beginn
Balkon *m*	*hier*: oberer Sitzbereich im Theater
beschließen	entscheiden
etw. verstauen	etw. weglegen, wegpacken
sich versöhnen	mit jm. nach einem Streit wieder Frieden schließen
etw. überstehen	*hier*: (zeitlich) hinter sich bringen

„Wie hält[i] deine Freundin das nur aus?“, fragt Franz Specht.

„Sie weint viel“, sagt Luisa.

‚Oje!‘ Franz Specht stöhnt innerlich. Ihm wird klar, was ihn an diesem Abend erwartet. Drei Stunden russische Tragik. Von einer depressiven Regisseurin. Na dann gute Nacht!

Beim zweiten Gong gehen Franz Specht und Luisa zu ihren Plätzen auf dem Balkon, zweite Reihe.

„Besser kann man in diesem Theater nicht sitzen“, sagt Luisa. Aber Franz Specht hat wie immer ein Problem mit seinen langen Beinen. Er kennt das schon vom Fliegen. Er beschließt schon jetzt, dass ihm die Oper nicht gefällt. Er verstaut den Beutel mit dem Opernglas unter dem Sitz. Aus Protest schaltet er auch sein Mobiltelefon nicht aus, obwohl das Publikum darum gebeten wird. Da legt Luisa ihre Hand auf seine. Er sieht Luisa zärtlich an. Die kleine weiße Blüte steckt noch immer in ihrem dunklen Haar. Das versöhnt ihn ein bisschen. Er ist wegen Luisa mitgegangen. Er freut sich darauf, später gemeinsam mit ihr nach Hause zu laufen. Die Oper wird er schon irgendwie überstehen.

Das Verb **„aushalten“** hat zwei Bedeutungen:

1. etw. Unangenehmes ertragen → Ich halte das aus.
2. jm. den Lebensunterhalt stellen (abwertend) → Ich halte dich aus.

Übung 6: Beantworten Sie die folgenden Fragen!

1. Warum sitzt Franz Specht in der Oper nicht bequem?

   ____

2. Warum hasst Ines den Intendanten?

   ____

3. Wie wird die Operndirektorin genannt?

   ____

4. Was steckt im Haar von Luisa?

   ____

Der Vorhang geht auf. Das Bühnenbild ist sehr schlicht. Ein rotes Sofa steht auf einer gelben Ebene, die bis zum Horizont reicht. Sie soll Getreidefelder darstellen. Darüber blauer Himmel. Olga und Tatjana verbringen den Sommer auf dem Land. Es sind lange Tage. Einer ist wie der andere. Das Glück dieser Zeit begreift man erst, als Onegin auftaucht. Seine langen Haare beginnen schon grau zu werden. Er trägt den Ballast vieler Jahre mit sich herum. Er bewegt sich viel langsamer als Tatjana. Sie ist so jung. Sie denkt nicht nach. Sie verliebt sich in Onegin. Mit einer Drehung ihres Körpers wird es Nacht auf der Bühne und sie schreibt den be-

Bühnenbild *n*	Dekoration auf der Spielfläche des Theaters
schlicht	einfach, auf das Nötigste beschränkt
Getreidefeld *n*	Kornfeld
Ballast *m*	Gewicht, *hier*: belastende Erfahrungen

rühmten Brief an ihn. Tatjana ist voller Kraft und voller Träume. Sie riskiert sehr viel. Die Geschichte beginnt Franz Specht zu interessieren. Was ist mit diesem Onegin? Warum nur weist er Tatjana zurück? Franz Specht muss an sich und Luisa denken. Er hört die Musik, er liest die deutschen Übertitel, aber er ist mit seinen Gedanken woanders. Tatjana, Olga, Lenski und Onegin auf der Bühne geben nur die Anstöße für seine Gedanken. Was Franz Specht denkt und fühlt ist Glück. Er erinnert sich an Luisas Aquarium. Sie hat ein großes Meerwasseraquarium in ihrer Wohnung mit Korallen und bunten Fischen, die sich langsam hin und her bewegen. Sie schweben. Franz Specht kann stundenlang davor sitzen. Er taucht in eine andere Welt ein. Alles ist ruhig, so wie er es sich immer wünscht. Sein Herzschlag und seine Atmung bilden den Rhythmus dieser Welt. Das Licht vom Aquarium strahlt auf die Wände. Die Schatten der Fische schwimmen über die Wände. Luisas Wohnung ist in der Nacht so blau wie der weite Himmel auf der Bühne. Dort auf der Bühne flirtet Onegin mit Olga, der Verlobten seines Freundes Lenski. Und Lenski fordert Onegin zum Duell. Franz Specht holt das Opernglas aus dem Stoffbeutel unterm Sitz hervor. Er interessiert sich für die Waffen. Durch das Opernglas kann er sehen, wie lustlos Onegin sich auf das Duell vorbereitet. Er will nicht schießen. Aber Lenski besteht darauf. Dabei sind sie doch

Übertitel *m*	über der Bühne zu lesender Text
Aquarium *n*	Glasbehälter, in dem Wassertiere leben
Koralle *f*	Tier, das festgewachsen auf dem Meeresboden lebt
schweben	sich schwerelos bewegen
eintauchen	*hier*: versinken
Waffe *f*	Gegenstand zum Kämpfen und Töten
auf etw. bestehen	etw. unbedingt weiterhin wollen

Freunde. Man kann doch über alles reden. Onegin schießt und Lenski ist tot. Dann ist Pause.

Übung 7: Bei den folgenden Berufen sind die Buchstaben durcheinandergeraten. Bringen Sie sie in die richtige Ordnung!

1. NIDATENNT ____________________
2. EIKRERAKPLITH ____________________
3. SSAISTINTEN ____________________
4. ERRONPÄNEGS ____________________

3 Die Vorahnung

Franz Specht steht allein im Foyer. Luisa hatte gesagt: „Ich muss dich mal kurz allein lassen.“ Dabei hatte sie in Richtung der Toiletten gezeigt. Franz Specht wartet auf sie. In jeder Hand hält er ein Sektglas. Erst trinkt er seins. Dann trinkt er auch aus dem Glas von Luisa. Er würde gerne rauchen. Er sehnt sich nach seiner Pfeife. Das ist ein Zeichen, dass er sich wohlfühlt. Es gefällt ihm in der Oper. Franz Specht muss über sich selbst lächeln. Auf so einer Bühne wirkt das alles natürlich auch ganz anders als im Fernsehen. Allein die Musik! Und so depressiv scheint Luisas Freundin gar nicht zu sein. Sie hat viele ironische und lustige Szenen eingebaut. Wirklich unterhaltsam! Nein, Franz Specht ist sehr zufrieden und er überlegt, ob er nicht auch seine Mutter mit Opernkarten überraschen sollte. Luisa kommt, als es bereits zum Ende der Pause läutet. Sie hat neuen Lippenstift aufgetragen. Die Blüte ist aus ihrem Haar verschwunden, wie Franz Specht mit

Foyer *n*	Eingangsraum, z. B. eines Theaters
wirken	Wirkung haben, Eindruck machen
Lippenstift auftragen	Lippen schminken
Bedauern *n*	Traurigkeit
zärtlich	liebevoll
sich einstellen	erscheinen
sich einlassen auf	*hier*: sich konzentrieren auf
Ermittlungsarbeit *f*	polizeiliche Untersuchung
ausmachen	*hier*: typisch, notwendig sein

Bedauern feststellt. Er sagt aber nichts. Er nimmt Luisa zärtlich an der Hand und geht mit ihr in den Zuschauerraum. Ihre Hand ist eiskalt.
„Bist du tot?“, fragt er. Luisa lacht.
„Nein“, sagt sie. „Wieso?“
In diesem Moment wird es dunkel und der Vorhang geht auf. Franz Specht wartet auf das Glücksgefühl von vorhin. Aber es stellt sich nicht ein. Die Sänger singen ebenso gut wie vor der Pause. Das Orchester ist brillant. Aber er kann sich nicht auf die Musik einlassen. Tatjana auf der Bühne trägt statt eines weißen Kleides nun ein schwarzes. Sie sieht älter aus. Sie ist nun verheiratet. Und sie wirkt sehr vernünftig. Zu vernünftig. Dass Eugen Onegin sich jetzt in sie verliebt, kann Franz Specht nicht nachvollziehen. Er hat Sympathien für den Mann, aber er versteht ihn nicht. Franz Specht ist unruhig. Es ist dieselbe Art von Unruhe, die er manchmal während seiner Ermittlungsarbeit spürt.

Übung 8: Leiten Sie von den folgenden Substantiven Adjektive ab!

1. Glas ______________________
2. Bedauern ______________________
3. Trauer ______________________
4. Sympathie ______________________
5. Musik ______________________

Er hat einmal mit Luisa darüber gesprochen, was einen guten Kriminalisten ausmacht. Franz Specht ist überzeugt, dass logisches Denken die Grundlage seiner Arbeit ist. Aber mit zunehmender Erfahrung ist bei ihm auch die Intuition dazugekommen. Manchmal spürt Franz Specht, dass eine Situation anders ist als sie auf den ersten Blick zu sein scheint. Und er hat gelernt, dieses Gefühl ernst zu nehmen. Doch im Moment ermittelt er nicht.

Übung 9: Lesen Sie weiter und setzen Sie die richtigen grammatikalischen Formen ein!

Er hat **1.** kein Fall ______________. Er ist in **2.** die Oper ______________. Er schaut **3.** sie ______________ zu. Luisa hat Tränen in **4.** die Augen ______________. Auf **5.** die Bühne ______________ bettelt Onegin um Tatjanas Liebe.

Onegin hat alles falsch gemacht. Er gibt es zu: Er hat sie zurückgewiesen und belehrt. Er hat sich mit dem Freund duelliert. Er hat alles zerstört – die Wahrheit, die Freundschaft, die Liebe. Aber jetzt ist er ehrlich. Er liebt Tatjana. Doch sie gehört jetzt zu einem anderen Mann. Franz Specht gibt Luisa ein Taschentuch. Die Handlung auf der Bühne zieht sich ein bisschen in die Länge. Nach zehn Minuten liegt Onegin verzweifelt und allein auf der Bühne. Luisa weint immer noch. Dabei hat Onegin doch auch etwas gewonnen. Er kann seine Gefühle endlich zeigen. Viel schlimmer trifft es Tatjana. Sie wird sich ihr ganzes Leben lang beweisen müssen, dass ihre Entscheidung richtig war. Franz Specht legt den Arm um Luisa und drückt sie an sich. Er möchte sie gern trösten.

Das Publikum applaudiert und feiert die Sänger. Immer wieder werden sie auf die Bühne gebeten. Auch der Dirigent und das Orchester verbeugen sich mehrere Male. Nur die Regisseurin Ines fehlt.
„Sollte deine Freundin nicht auch auf die Bühne kommen?", fragt Franz Specht und klatscht begeistert, als die Sängerin der Tatjana sich verbeugt.
„Eigentlich ja", sagt Luisa und zuckt mit den Achseln. „Ich verstehe das nicht."

Erfahrung *f*	durch Erleben erworbenes Wissen
Intuition *f*	Gespür
betteln	bitten
sich ziehen	zeitlich lang erscheinen
verzweifelt sein	ohne Hoffnung sein
jn. treffen	*hier*: jn. verletzen
applaudieren	zustimmend in die Hände klatschen
sich verbeugen	den Oberkörper (dankbar für den Applaus oder aus Höflichkeit) verneigen
mit den Achseln zucken	die Schultern heben, Geste der Hilflosigkeit

Da tritt der Intendant vor den Vorhang. Er hat ein Mikrofon [i] in der Hand. Mit Handbewegungen bittet er um Ruhe.
„Ich stehe hier anstelle von Ines Duran, unserer wunderbaren Regisseurin. Sie ist leider plötzlich erkrankt und wird gerade von einem Arzt behandelt. Wir alle hoffen, dass es ihr bald wieder besser geht", sagt er mit mitleidiger Stimme.
Der Intendant ist wirklich ein weinerlicher Typ, denkt Franz Specht und folgt Luisa, die hektisch ihre Sachen genommen hat und geht. Sein Mobiltelefon klingelt. Es ist Eva Hansen, seine Assistentin.
„Hallo Chef, störe ich gerade?", fragt Eva Hansen.

Häufig gebrauchte **Fremdwörter** können sich der deutschen **Schreibweise** angleichen. So können Wortbestandteile mit **„ph"** auch mit dem Buchstaben **„f"** geschrieben werden:
Geogra*f*ie oder Geogra*ph*ie
Mikro*f*on oder Mikro*ph*on

nicht natürlich — *hier:* gewaltsam

„Nicht direkt. Ich bin in der Oper“, sagt Franz Specht.
„Das trifft sich gut. Dort wurde ein nicht natürlicher Todesfall gemeldet. Der Arzt tippt auf Gift.“
„Oh nein!“, sagt Franz Specht und „Danke, Frau Hansen!“ Dann läuft er Luisa hinterher.

Übung 10: Hier sind die Personen durcheinandergeraten. Setzen Sie die richtigen Personen ein!

1. Ines richtig: ____________________ arbeitet nicht nur logisch, sondern immer mehr intuitiv.
2. Der Regisseur richtig: ____________________ hat ein Mikrofon in der Hand.
3. Der Dirigent und die Musiker richtig: ____________________ werden auf die Bühne geklatscht.
4. Die Prinzessin richtig: ____________________ ruft auf Spechts Mobiltelefon an.
5. Spechts Assistentin richtig: ____________________ tippt auf Gift.

4 Der Giftmord

Die Tote ist Ines Duran. 35 Jahre alt. Sie liegt gekrümmt auf dem Boden in ihrem Büro im Nationaltheater. Kein schöner Anblick.

„Der Tod muss sehr schmerzhaft gewesen sein", sagt der junge Arzt.

Franz Specht hat großen Respekt vor ihm. Einen nicht natürlichen Tod festzustellen zieht viele unangenehme Situationen nach sich: Warten auf die Polizei, Befragungen, Ermittlungen der Staatsanwaltschaft, Ärger mit den Angehörigen und viele Seiten Berichte, die zu schreiben sind. Die Forschung geht davon aus, dass pro Jahr etwa 2000 Tötungsdelikte gar nicht erkannt werden, weil die Ärzte einen natürlichen Tod bescheinigen. Dann wird die Kriminalpolizei gar nicht erst aktiv. Franz Specht schaut sich in dem Büro um. Es sieht leergeräumt aus. Keine Bilder an der Wand, keine Papiere auf dem Schreibtisch. Neben dem Schreibtisch stehen zwei große Umzugskartons.

gekrümmt	nicht gerade
Respekt haben	Achtung, Bewunderung empfinden
etw. nach sich ziehen	Folgen haben
von etw. ausgehen	etw. als Grundlage für einen Gedankengang nehmen
Tötungsdelikt *n*	Straftat, die den Tod eines Menschen zur Folge hat
bescheinigen	offiziell bestätigen
Umzugskarton *m*	Speditionskiste aus Pappe

↯ jede Menge	sehr viele
Tropfen *pl*	*hier*: flüssige Arznei
Pulver *n*	*hier*: mehlartige Arznei
Krampf *m*	schmerzhaftes Zusammenziehen der Muskeln
Abschiedsbrief *m*	*hier*: letzter Brief vor dem Selbstmord
Ampulle *f*	kleines Glasgefäß für Flüssigkeiten, meist Medizin
Anhaltspunkt *m*	Hinweis

„Hier sind jede Menge Mittelchen. Tropfen, Pulver und Kügelchen“, sagt der Mann von der Spurensicherung.
„Ja, sie war bei einer Heilpraktikerin in Behandlung“, sagt Franz Specht. „Nehmt alles mit.“
„Sie hatte starke Krämpfe“, sagt die Rechtsmedizinerin. „Nicht unbedingt der Tod, den man sich wünschen würde. Gibt es irgendwelche Hinweise auf Selbstmord?“
„Naja, sie hatte wohl Probleme hier im Haus und war depressiv“, sagt Franz Specht und beugt sich zu der Toten.
Er wird den Intendanten befragen müssen, die Operndirektorin, den Heldentenor, dessen Frau, den Opernkritiker … Arme Luisa! Von Anfang an hat sie sich Sorgen gemacht.
„Kein Abschiedsbrief? Kein leeres Fläschchen? Keine Ampulle? Wenn es Gift war, dann bekommen wir es heraus[i]. Aber ohne einen Anhaltspunkt kann das Wochen dauern“, sagt die Rechtsmedizinerin.
Sie streicht über die linke Hand von Ines Duran und versucht, die verkrampften Finger zu lösen. Aus der Hand fällt eine kleine weiße Blüte.

Die **konditionale Satzverbindung** verbindet zwei Sätze. Der Nebensatz mit **„wenn“** enthält die Bedingung. Der Hauptsatz mit **„dann“** beschreibt die mögliche Folge: *Wenn das Wetter schön ist, gehen wir in den Zoo.*
Anstatt der Konjunktion „wenn“ können auch „falls“ und „sofern“ verwendet werden. „Sofern“ gehört jedoch zum gehobenen Sprachgebrauch.

Übung 11: Verbinden Sie die Sätze mit *dass* bzw. *weil*!

1. Er sieht es gleich. Sie war eines nicht natürlichen Todes gestorben.

   ____

   ____

2. Die Ärzte bescheinigen einen natürlichen Tod. Viele Tötungsdelikte werden nicht erkannt.

   ____

   ____

3. Es liegen viele Tropfen, Pulver und Kügelchen herum. Sie war bei einer Heilpraktikerin.

   ____

   ____

4. Es war Selbstmord. Es gibt keine Hinweise.

   ____

   ____

5. Luisa springt auf. Franz Specht kommt ins Zimmer.

   ____

   ____

Luisa wartet im Zimmer des Opernintendanten.
„Kann ich zu ihr? Wie geht es ihr? Was ist denn nur passiert?“, fragt sie.
Franz Specht ist plötzlich sehr müde. Seine Arme sind wie Blei. Er fällt ihm schwer, die Arme überhaupt zu heben. Trotzdem drückt er Luisa an sich und küsst sie aufs Haar.
„Sie ist tot“, sagt er. „Du kannst jetzt nicht zu ihr. Die Spuren müssen erst gesichert werden.“
Franz Specht läuft mit Luisa nach Hause. Es ist anders, als er es sich vorgestellt hat. Er spricht nicht. Luisa spricht nicht. Sie verkriecht sich im Bett. Irgendwann hört das Schluchzen auf. Sie ist eingeschlafen. Franz Specht setzt sich neben sie aufs Bett und schaut sie an. Was weiß er von ihr? Nichts.

Übung 12: Lesen Sie weiter und bilden Sie den Komparativ der Adjektive!

Bis vor wenigen Stunden war sie ihm ganz **1.** vertraut ____________. Jetzt ist sie ihm **2.** fremd ____________.
Er schaut zum Aquarium hinüber und er sieht sich vor einigen Tagen: Er krempelt die Ärmel seines Hemdes **3.** hoch ____________, seine Arme sind im Wasser und er versucht, mit dem Finger eine dieser wunderschönen **4.** zarten ____________ Korallen zu berühren.

Er will sie einmal fühlen. Luisa kommt ins Zimmer und reißt sofort seinen Arm aus dem Aquarium.
„Einige der Weichkorallen sind sehr giftig!", sagt sie. „Man muss immer Handschuhe tragen!"
Franz Specht zieht die Schuhe aus und legt sich neben Luisa.
„Du?", flüstert er.
„Ja?", antwortet sie im Halbschlaf.

Spuren sichern	Hinweise auf einen Täter sammeln und festhalten
sich verkriechen	sich zum Schutz zurückziehen
Schluchzen *n*	leises Weinen mit stoßartigem Einatmen
vertraut sein	gewohnt, bekannt sein
reißen	gewaltsam ziehen
Halbschlaf *m*	Zustand zwischen Wachsein und Schlafen
wegnicken	kurz einschlafen

„Wann hast du Ines zum letzten Mal gesehen?", fragt Franz Specht traurig.
„Mit dir. Als sie uns die Karten gebracht hat", sagt Luisa und dreht sich mit dem Rücken zu ihm. Sie schläft. Franz Specht kann nicht schlafen. Manchmal nickt er für Sekunden weg. Dann träumt er wirr. Schließlich steht er auf. Er kann einfach nicht mehr neben[i] Luisa liegen. Er möchte nach Hause. Aber er wartet noch auf einen Anruf. Der Anruf kommt gegen acht.
„Sie haben recht gehabt. Palytoxin. Das Gift einer Weichkoralle. Woher wussten Sie das?", fragt die Rechtsmedizinerin.

Die Präposition **„neben"** ist eine sogenannte **Wechselpräposition.** Das heißt, sie fordert manchmal den **Akkusativ** und manchmal den **Dativ.** Der Akkusativ wird verlangt, wenn das Verb eine Orts- oder Richtungsänderung anzeigt. Das Fragewort lautet in diesem Fall „wohin":

Max setzt sich neben Lena.

Der Dativ wird verlangt, wenn die Ergänzung eine lokale Bedeutung hat. Das Fragewort lautet in diesem Fall „wo":

Jetzt sitzt Max neben ihr.

Franz Specht antwortet ihr nicht.

Übung 13: Bringen Sie die Aussagen in die richtige Reihenfolge!

a) Franz Specht genießt die Oper.

b) Ines Duran ist tot.

c) Luisa weint im Bett.

d) Ines Duran bringt die Opernkarten.

e) Franz Specht gibt der Rechtsmedizinerin einen Hinweis.

1	2	3	4	5

5 Die traurige Wahrheit

starren	unbeweglich anschauen
sich etw. einbilden	sich etw. ohne Grund vorstellen, einreden
Befangenheit *f*	*Begriff der Rechtssprache*: Zustand, wenn ein Polizist oder Richter nicht mehr objektiv handeln und urteilen kann, weil er persönlich betroffen ist
Hausdurchsuchung *f*	Suche der Polizei in einem Haus nach Beweisen

Franz Specht sitzt in seinem Büro. Er kann nicht arbeiten. Er will nichts essen. Er will nicht rauchen. Er will auch keinen[i] Kaffee. Er sitzt an seinem Schreibtisch und starrt auf seine Hände. Die Haut ist trocken und fühlt sich an wie Leder. Es sind alte Hände. ‚Ich bin alt', denkt er. ‚Was habe ich mir nur eingebildet?'

Franz Specht sieht so müde aus. Eva Hansen weiß nicht, wie sie ihrem Chef helfen kann. Er tut ihr leid. Franz Specht hat den Fall gleich nach dem Anruf der Rechtsmedizinerin abgegeben. Wegen Befangenheit. Seine Kollegen haben eine Hausdurchsuchung bei Luisa gemacht. Doch in ihrem Aquarium gibt es keine Weichkorallen der Art Palythoa toxica. Auch die homöopathischen Medikamente, die sie zu Hause aufbewahrt, sind harmlos. Es wurden keine giftigen Stoffe in ihrer Wohnung gefunden.

> Die **Negation** eines **Nomens mit unbestimmtem Artikel** lautet **„kein"**. Die Negation wird dabei wie der unbestimmte Artikel dekliniert:
> *Er hat **kein** Auto.*
> *Er hat **keine** Tochter.*

Übung 14: Bilden Sie die Antonyme!

1. hungrig ______________________
2. trocken ______________________
3. weich ______________________
4. harmlos ______________________
5. giftig ______________________

In ihrer Heilpraktikerschule gilt sie als sehr gewissenhaft. Giftmischen steht nicht auf dem Stundenplan. Eine kleine weiße Blüte ist kein Beweis. Vor allem im Frühjahr nicht. Franz Specht hat sich total geirrt. Luisa ist unschuldig. Er hat sie zu Unrecht verdächtigt. Er wird sich nie wieder auf sein Gefühl verlassen. Sie wird nie wieder mit ihm reden. Er hat seine Liebe, sein Leben zerstört. Und er hat durch sein frühes Urteil vielleicht die Aufklärung des Falles behindert. Die Kollegen tappen völlig im Dunkeln. Der Intendant hat Streitigkeiten mit Ines Duran zugegeben. Aber Ines Duran wollte zum Ende der Spielzeit am Theater aufhören. Sie hatte ihre Sachen schon gepackt. Die Operndirektorin hat nur gute Worte für Ines Duran übrig und auch ein

gewissenhaft	pflichtbewusst, genau
zu Unrecht	fälschlicherweise
jn. verdächtigen	die Schuld von jm. vermuten
Aufklärung *f*	*hier*: Lösung des Falls
behindern	erschweren
ϟ im Dunkeln tappen	nichts wissen, keine Ahnung haben
Spielzeit *f*	Saison des Theaters

Alibi. Die Frau des Sängers hat tatsächlich nichts von dem Verhältnis ihres Mannes mit der Regisseurin gewusst. Außerdem hat sie an diesem Abend gesungen. Vielleicht hat Ines Duran doch Selbstmord begangen? Aber woher hatte sie das Gift? Warum gibt es keine Spuren?

Alibi *n*	Beweis für die Abwesenheit vom Tatort
Wendung *f*	Veränderung ins Gegenteil

Franz Specht bringt seiner Mutter das Opernglas zurück. Sie ist nicht besonders verwundert, als Franz Specht ihr von dem Abend und seiner unglücklichen Wendung erzählt.

Übung 15: Lesen Sie weiter und setzen Sie die bestimmten Artikel und die Adjektive korrekt ein!

„Tragik auf **1.** groß ________________ Bühne ist rührend, doch in **2.** wahr ________________ Leben schmerzhaft", sagt sie und packt **3.** alt ________________ Opernglas in **4.** hoch ________________ Schrank. Dann setzt sie sich neben **5.** einzig ________________ Sohn. Der starrt wieder auf **6.** alt ________________ Hände.

Sie legt ihre Hände auf seine. Ihre sind noch älter. Und trotzdem schön.

„Ich kann mir nicht vorstellen, dass du dich so irrst. Du warst glücklich mit dieser Frau. Du hast das doch nicht grundlos zer-

Einbruch *m*	unberechtigtes Eindringen ins Haus
Vorwurf *m*	Anklage, Beschuldigung
jn. verspotten	jn. auslachen, sich über jn. lustig machen
Bescheid wissen	Information, Kenntnis haben
Kulturteil *m*	Teil der Zeitung, in dem über kulturelle Ereignisse berichtet wird

stört. Du hast eine sehr feine und genaue Wahrnehmung. An dem Abend damals, du weißt schon, als wir in der Oper waren, hat es tatsächlich einen Einbruch bei der Nachbarin gegeben. Du hast dir das nicht eingebildet. Wir haben dir damals nichts davon erzählt, um dich nicht noch mehr zu ängstigen. Was alles hätte passieren können … Ich habe mir noch Jahre später Vorwürfe gemacht. Was ich damit sagen will: Glaub an dich. Glaub an dein Gefühl."
„Und was soll ich jetzt tun?", fragt Franz Specht.
„Dir fällt schon was ein", sagt sie und streicht ihm über den Kopf wie früher.

Als Franz Specht am nächsten Morgen ins Büro kommt, trägt Eva Hansen keine Sonnenbrille mehr. Ihre Nase ist nicht mehr rot und sie hustet auch nicht.
„Ihr Heuschnupfen ist weg", sagt Franz Specht.
„Ja", antwortet Eva Hansen. „Ich kann es selbst kaum glauben. Das ist Homöopathie! Fünf Kügelchen. Sie haben mir doch die Telefonnummer von dieser Heilpraktikerin gegeben. Gestern war ich bei ihr. Die Frau ist unglaublich."
Franz Specht schaut Eva stumm an. Sie war bei Luisa. Haben sie zusammen über ihn gesprochen? Verspotten sie ihn etwa? Die eigene Assistentin lacht über ihn.
„Ich weiß doch längst Bescheid, Chef." Eva Hansen steht auf. Sie drückt Franz Specht die Tageszeitung in die Hand. „Schauen Sie

in den Kulturteil!“, sagt sie. Sie nimmt ihre Tasche und die Jacke und geht zur Tür. Dort dreht sie sich um. Ihre Hand liegt schon auf der Klinke. „Ich brauche noch ein paar Informationen über Luisa Schauer. Die Frau war mir von Anfang an unsympathisch. Also bis auf ihr Mittel gegen den Heuschnupfen.“
„Aber das ist mein Job“, sagt Franz Specht. Doch Eva Hansen ist schon aus der Tür. Er hört nur noch ihre Stimme.
„Sie sind raus aus dem Fall, Chef!“, ruft sie und: „Lesen Sie den Kulturteil!“
Franz Specht setzt sich an seinen Schreibtisch und stöhnt dabei. Die Jeanshose ist zu eng. Er hat wieder zugenommen. Drei Kilo in den wenigen Tagen seit dem Opernabend. Zum Frühstück hat er sich heute gebratene Leberwurst gemacht. Das ist ein sehr fettiges Essen. Er brauchte die Energie. Doch jetzt fühlt er sich schwer und unbeweglich. Er schlägt die Zeitung vor sich auf. Eva Hansen hat einen Artikel mit einem großen Ausrufezeichen markiert. Der Opernkritiker hat über „Eugen Onegin“ geschrieben. Franz Specht liest: „Emotional berührte dieser Abend nicht. Es war kaum Originelles zu sehen. Ines Duran hat das Stück verschenkt. Sie hat nicht mit der Musik inszeniert, sondern gegen sie. Die Regisseurin ist während der Premiere verstorben. Doch bei aller Bestürzung über ihren frühen Tod war diese Opernpremiere ein Desaster.“ Franz Specht fühlt sich wie früher in der Schule. Er hatte einen Lehrer, der es immer schaffte, dass Franz und seine Klassenkameraden sich wie Kunstbanausen fühlten. Alles, was ihnen gefiel, machte dieser

Klinke *f*	Türgriff
etw. verschenken	*hier*: Möglichkeit nicht nutzen
Bestürzung *f*	Betroffenheit, Erschrecken
Desaster *n*	Katastrophe
Kunstbanause *m*	jn., der keine Ahnung von Kunst hat

Leserzahl *f*	Anzahl der Menschen, die die Zeitung lesen
polarisieren	Extreme bilden
Anwalt *m*	Jurist; jd., der in Rechtsfragen berät
Kanzlei *f*	Büro des Anwalts
etw. ignorieren	etw. absichtlich nicht sehen
etw. persönlich nehmen	etw. auf sich als Person beziehen

Lehrer schlecht. Er redete und redete. Gegen seine Argumente kam niemand an. Franz Specht hatte die Inszenierung sehr gefallen. Wenn nicht der ganze Ärger mit dem Tod von Ines Duran und seinem Verdacht gegen Luisa gewesen wäre, dann hätte er sich diese Oper auch noch ein zweites Mal angesehen. Franz Specht ist kein Opernexperte, aber er versteht, dass diese Kritik in der Zeitung unfair und falsch ist. Vielleicht hat der Opernkritiker Ines Duran ermordet? Franz Specht steht auf und zieht sich seine geliebte Lodenjacke über. Er muss diesen Mann einmal näher kennenlernen.

„Ich habe sie nicht ermordet. Was denken Sie sich denn?", sagt der Opernkritiker. Er hat Tränen in den Augen. „Sie war eine wunderbare Frau und eine äußerst talentierte Künstlerin. Ich habe sie sehr gemocht."
„Sie haben sie gemocht? Und dann schreiben Sie solche Kritiken?", fragt Franz Specht und legt die Zeitung auf den Tisch.
„Das ist mein Job. Es geht um die Leserzahlen. Ines Duran hat das Publikum polarisiert. Die einen haben sie geliebt, die anderen haben sie gehasst. Ich habe da mitgemacht. Viele haben nach einer Premiere von Ines schon auf meine Kritik gewartet. Etwas Besseres kann einem Journalisten gar nicht passieren", sagt der Opernkritiker und sucht nach einem Taschentuch.
„Kannten Sie Frau Duran persönlich?", fragt Franz Specht.
„Ja, ich war einmal mit ihr zum Essen verabredet. Das war ganz am Anfang. Sie hat viel geredet, über die Arbeit, über Opern. Von

sich hat sie wenig erzählt. Sie war sehr vorsichtig. Vor zwei Wochen habe ich sie bei meinem Anwalt in der Kanzlei gesehen. Aber da hat sie mich ignoriert. Sie hat meine Kritiken immer viel zu persönlich genommen. Damit muss ich leben." Der Opernkritiker schnieft.

Übung 16: Beantworten Sie die folgenden Fragen!

1. Warum hat Franz Specht den Fall abgegeben?

   ____

2. Warum hat der Intendant kein Mordmotiv?

   ____

3. Warum redet Luisa nicht mehr mit Franz Specht?

   ____

4. Warum kennt Eva Hansen Luisa?

   ____

5. Warum ignoriert Ines Duran den Opernkritiker?

   ____

„Wie heißt der Anwalt?", fragt Franz Specht ungeduldig.

„Dr. Schneider. In der Hohenzollernstraße. Hier ist seine Karte." Der Opernkritiker reicht Franz Specht eine Visitenkarte, zieht sie aber noch einmal kurz zurück. „Sagen Sie mir, wer es war?"

„Bestimmt nicht!", sagt Franz Specht und nimmt dem Opernkritiker die Karte aus der Hand.

Erkenntnis *f*	gefundene Wahrheit
Toxikologe *m*	Wissenschaftler, der sich mit der Lehre von Giften beschäftigt
jm. etw. anvertrauen	*hier*: jm. etw. überlassen
bluffen	so tun als ob, bewusst täuschen
mit dem Rücken zur Wand stehen	*hier übertragen*: nicht mehr ausweichen können
konfrontieren	gegenüberstellen
dazumogeln	*hier*: heimlich hinzufügen
etw. nachweisen	etw. belegen, aufzeigen
eine Brücke bauen	*hier übertragen*: eine gedankliche Hilfestellung geben
Fassade *f*	äußere Hülle

Im Büro wartet Eva Hansen schon ungeduldig auf Franz Specht. Kaum ist er zur Tür herein, teilt sie ihm ihre neuesten Erkenntnisse mit:
„Luisa Schauer hat einen Verlobten in Innsbruck. Er ist Meeresbiologe und besitzt viele Korallen. Er hat darüber in einem Internetforum geschrieben. Seinen Großvater nennt man in Österreich ‚Herr der Gifte'. Er war Toxikologe und hat ein Buch über Gifttiere geschrieben. Ein sehr interessantes Buch mit …"
„Sie hatte einen Verlobten!"
Franz Specht fühlt sich, als hätte Eva Hansen gerade ihn vergiftet. Sein Gesicht ist schweißbedeckt, er muss sich am Schreibtisch festhalten. Eva Hansen bringt ihm einen Stuhl und ein Glas Wasser. Franz Specht setzt sich. Evas Stimme ist weit weg. Er würde gern schlafen. Mit einem Mal ist er schrecklich müde. Da hat er plötzlich Wasser im Gesicht.
„Chef … Entschuldigung … Gott sei Dank, da sind Sie wieder … Sie waren auf einmal so blass", sagt Eva Hansen sorgenvoll zu ihm. Sie hat sich zu ihm gebeugt. Er schaut direkt in ihre Augen. Sie sind tiefblau und sehr schön.
„Ich komme gerade vom Anwalt von Ines Duran. Sie hatte Luisa vor fünf Jahren 250 000 Euro anvertraut. Damals war Luisa noch

Anlageberaterin und sie sollte das Geld anlegen. Aber nun ist das Geld weg. Ines wollte zur Polizei gehen und Anzeige erstatten", sagt Franz Specht und bewundert noch immer die Augen seiner Assistentin. „Luisa hat sie vergiftet, ganz sicher. Aber wir haben keine Beweise … Wir können nur bluffen.“

Fremdwörter, die aus der englischen Sprache in die deutsche einfließen, nennt man **Anglizismen**, wie z. B.:

Job - Arbeitsplatz, Beruf

Baby - Säugling

Computer - keine deutsche Entsprechung

Jeans - keine deutsche Entsprechung

Außerdem verfügt das Deutsche über **Scheinanglizismen**, also Wörter, die nicht auf die englische Sprache zurückzuführen sind, aber wie solche erscheinen, wie z. B.:

Handy - Mobiltelefon

Beamer - Projektor

Oldtimer - altes, gut gepflegtes Fahrzeug

Luisa Schauer steht mit dem Rücken zur Wand. Franz Specht und Eva Hansen haben sie zu Hause besucht. Sie haben Luisa mit allen Fakten konfrontiert und noch einen dazugemogelt: An der Blüte in der Hand von Ines Duran habe man Luisas DNA nachweisen können. Mit Eva Hansen an der Seite fühlt sich Franz Specht sehr sicher. Er fühlt nichts mehr für Luisa. Er ist nicht verletzt und sie tut ihm nicht leid. Er ist Polizeikommissar. Und als Polizeikommissar spürt er, dass Luisa bald zusammenbrechen wird. Er muss ihr nur noch eine Brücke für das Geständnis bauen.
„Du hilfst Menschen. Du wolltest deine Freundin nicht umbringen. Du wolltest ihr helfen. Sie war depressiv. Sie wollte …", sagt Kommissar Specht und wartet. Er schaut Luisa an. Sie schaut ihn an. Er wartet. Dann nickt Luisa.
„Sie wollte nicht mehr leben. Jede Nacht hat sie mich angerufen. Sie konnte nicht mehr. Sie war dem Druck nicht gewachsen. Sie war einsam. Nach außen war sie voller Kraft. Hinter der Fassade

war sie ein Häufchen Elend. Ich habe sie immer wieder aufgebaut. Aber zuletzt war es nur noch eine Quälerei für sie. Da habe ich ihr geholfen“, sagt Luisa und weint. Franz Specht nickt.

„Danke!“ sagt er. Er sucht neben sich nach der Hand von Eva Hansen und drückt sie fest.

ϟ ein Häufchen Elend sein	sich in einem Mitleid erregenden Zustand befinden
jn. aufbauen	*hier*: jn. stärken
Quälerei *f*	schmerzhafte, anstrengende Situation

Abschlusstest

Lösungen

Glossar

Verzeichnis der Übungen

Abschlusstest

Blutige Schatten

Test 1: **Ordnen Sie den Begriffen die richtige Definition zu!**

1. ☐ Crystal	a) stabiler Behälter
2. ☐ Auslandskorrespondent	b) politisches Amt
3. ☐ Praxis	c) Berichterstatter aus der Welt
4. ☐ Landrat	d) moderne Droge
5. ☐ Metallbox	e) Arbeitsplatz eines Arztes

Test 2: **Bringen Sie die Sätze in die richtige zeitliche Reihenfolge!**

a) Peter hört Einbrecher in der Garage.
b) Peter fährt Udo in die Praxis.
c) Udo recherchiert über Crystal.
d) Thomas sieht Klara auf dem Markt in Tschechien.

1	2	3	4

Test 3: **In welcher Gaststätte findet der Stammtisch der Freunde statt?**

1. Udo bestellt _ _ ☐ _ _ _.
2. In der _ ☐ _ _ _ _ ist alles durcheinander.
3. Peter will _ _ ☐ _ _ _ _ werden.
4. Thomas kauft _ _ _ ☐ _ _ _.
5. Klara fährt nach _ _ _ _ _ _ _ ☐ _ _.
6. Klara will in ☐ _ _ _ _ _ _ _ studieren.
7. Die Metallbox war mit einem _ ☐ _ _ _ _ _ _ festgemacht.
8. Die Erpresser haben einen _ ☐ _ _ _ geschrieben.

Lösung: ☐☐☐☐☐☐☐☐

Test 4: **Bilden Sie mit den Wörtern einen sinnvollen Satz!**

1. trinken mehr Udo andere am die Stammtisch als

____

____

2. nach Vater und fahren nehmen Klara Auto das Tschechien von ihr

____

____

3. mit Praxis Peter Udo sein der verletzt nehmen in die

____

____

4. Klara ihr in Drogendealer überfallen der Haus

____

____

5. von am Tag sein zurücktreten Peter Kandidatur nächster

____

____

Riskante Liebschaften

Test 5: Welches Wort ist das „schwarze Schaf"? Unterstreichen Sie!

1. intelligent clever egoistisch klug
2. Inspektor Rechtsmediziner Polizeihund Leutnant
3. Bus Auto Motorrad Fahrrad
4. Düsseldorf Graz Eggenberg-Bad Palma de Mallorca
5. Mord Verkehrsunfall Betrug Diebstahl

Test 6: **Welche Sätze sind grammatikalisch falsch? Kreuzen Sie an!**

1. Die Frau hat ihn in seiner Wohnung gefunden. ❐
2. Sie mag Schwimmer, der mich im Wasser mitziehen. ❐
3. Sie würde ihm gern wieder ausspucken. ❐
4. Videokunst? Sie weiß nicht, was die Leute damit wollen. ❐
5. Es tut weh zu sehen, welchen Kraft sie aufbringt. ❐

Test 7: **Beantworten Sie folgende Fragen!**

1. Wer hat Stefan Kirchhof getötet?

   ____

2. Wie hat Sabine Stefan Kirchhof kennengelernt?

   ____

3. Warum hatte Stefan Kirchhof ein neues Fahrrad?

   ____

4. Warum lässt Chefinspektor Schmiedl seine Frau im Lokal allein?

   ____

5. Was sagt das Märchen von der bösen Hexe aus?

   ____

Test 8: **Bringen Sie die Wörter in die richtige Reihenfolge!**

1. Chefinspektor Sabine glaubt Gessner der nicht

2. Gessner umgebracht Herrn Kirchhof hat nicht Sabine

3. hat Katharina die vertauscht Schwimmbad Schreiber im Schlüssel

4. Kirchhof Herzanfall Herr an ist gestorben einem

Das Lied vom Tod

Test 9: **Ersetzen Sie die unterstrichenen Wörter durch die entsprechenden Pronomen!**

1. Die Assistentin weiß nicht, wie sie Franz Specht helfen kann.

2. Der Intendant hat Schwierigkeiten mit Ines Duran.

3. <u>Franz Specht</u> war das Verhältnis von <u>den beiden</u> nicht bekannt.

____

4. <u>Franz Specht</u> hat <u>Luisa</u> verdächtigt.

____

Test 10: Kreuzen Sie die richtigen Aussagen an!

1. Franz Specht geht in die Oper,
   a) ❐ weil er die Oper mag.
   b) ❐ weil er die Regisseurin kennenlernen will.
   c) ❐ weil er verliebt ist.

2. Franz Specht empfindet nach der Pause kein Glücksgefühl mehr,
   a) ❐ weil er intuitiv merkt, dass etwas nicht stimmt.
   b) ❐ weil die Sänger schlechter singen.
   c) ❐ weil Tatjana ein schwarzes Kleid trägt.

3. Franz Specht kann der Rechtsmedizinerin einen Hinweis auf das Gift geben,
   a) ❐ weil er viel über Gift gelesen hat.
   b) ❐ weil Luisa ihn vor den Weichkorallen gewarnt hat.
   c) ❐ weil er einen ähnlichen Fall hatte.

4. Der Opernkritiker hat eine schlechte Kritik geschrieben,

a) ❒ weil er die Regisseurin nicht mochte.

b) ❒ weil die Leser der Zeitung es erwarten.

c) ❒ weil das Orchester schlecht spielte.

Test 11: Welches Wort ist das „schwarze Schaf". Unterstreichen Sie!

1. Intendant Opernsänger Schauspieler Tänzer
2. Mutter Kind Freundin Ehemann
3. graue Haare blonde Haare glatte Haare schwarze Haare
4. intelligent sympathisch eifersüchtig gut aussehend
5. reden schimpfen erzählen formulieren

Test 12: Was ist das Beweisstück? Die gefundenen Buchstaben ergeben in der richtigen Reihenfolge die Lösung!

Autoweg _ _ _ _ _ _ (5. und 6. Buchstabe)

Vorname Onegins _ _ _ _ _ (2. und 4. Buchstabe)

Teil des Zuschauerraums in einem Theater _ _ _ _ _ _ (1. und 3. Buchstabe)

Fragewort der Art und Weise _ _ _ (1. und 2. Buchstabe)

nahe Verwandte _ _ _ _ _ _ (1. und 5. Buchstabe)

Lösung: _ _ _ _ _ _ _ _ _ _

Lösungen

Blutige Schatten

Übung 1: **1.** will **2.**muss **3.** darf **4.** kann **5.** muss

Übung 2: **1.** Er hasst die gepflegten Vorgärten vor den Einfamilienhäusern, das Theater für die Nachbarn.
2. Ihm wird schlecht bei den Festreden, Schulkonzerten und der Blasmusik, die er jede Woche über sich ergehen lassen muss.
3. Er kann das nur ertragen, wenn er etwas trinkt.
4. Udo arbeitet in der Lokalredaktion einer größeren Zeitung.

Übung 3: **1.** b **2.**a **3.** b **4.** b

Übung 4: **1.** zwischen **2.** nach **3.** auf **4.** mit **5.** in

Übung 5: **1.** läuft **2.** marschiert **3.** taumelt **4.** stolpert **5.** springt

Übung 6: **1.** Sie hat einen gut aussehenden jungen Mann gesehen.
2. Peter mag diesen Geruch.
3. Er lässt sich hängen.
4. sie verdrängt den Vorfall.

Übung 7: **1.** Weil es dunkel ist, leuchtet Peter mit der Taschenlampe.

2. Wenn Udo zur Polizei geht, verliert er seinen Führerschein, weil er zuviel Alkohol getrunken hat.
3. Peter wird die Wahrheit sagen, weil er ehrlich ist.
4. Peter wird nicht Landrat, wenn die Fahrerflucht seiner Tochter bekannt wird.
5. Weil Peter schon gehen will, wundert sich Thomas.

Übung 8: **1.** ausbeulen **2.** kontrollieren **3.** Metallbox **4.** Liegefläche **5.** Wohnraum

Übung 9: **1.**Weil er in die Brombeerbüsche gefallen ist.
2. Weil er nur an sich und seine Karriere denkt.
3. Weil er den Autofahrer finden will.
4. Weil sie verunsichert ist.

Übung 10: **1.** Peter ist sich sicher, dass Udo ihm den Erpresserbrief geschrieben hat.
2. Udo will im Artikel deutlich machen, dass Crystal gefährlicher ist als Alkohol.
3. Experten haben berechnet, dass jedes Jahr 2500 Kilogramm Crystal nach Deutschland kommen.
4. Peter sagt zu Udo, dass er selbst das Problem ist.
5. Klara liest im Brief, dass sie Fahrerflucht begangen hat.

Übung 11: **1.** Aktivität **2.** schädigt **3.** kaputt **4.** erholt

Übung 12: **1.** d **2.** c **3.** b **4.** a

Übung 13: **1.** Ihr Vater, der gelogen hatte, hatte alles kaputt gemacht.
2. Sie freut sich auf die großen Städte, die sehr laut sind.
3. Am Gartentor steht ein junger Mann, der ihr lässig zuwinkt.
4. Sie nehmen Crystal, das abhängig macht.
5. Claudia, die müde ist, lehnt ihren Kopf an Peters Schulter.

Übung 14: **1.** musst **2.** haben **3.** weiß **4.** seid **5.** ist

Übung 15: **1.** richtig **2.** falsch **3.** falsch **4.** richtig

Übung 16: **1.** das Haus, die Tür, die Haustür **2.** der Kaffee, die Maschine, die Kaffeemaschine **3.** die Bahn, der Hof, der Bahnhof **4.** die Polizei, der Wagen, der Polizeiwagen **5.** das Auto, der Unfall, der Autounfall **6.** der Apfel, der Saft, der Apfelsaft **7.** die Sonne, der Aufgang, der Sonnenaufgang **8.** der Tisch, die Decke, die Tischdecke **9.** das Wort, das Buch, das Wörterbuch **10.** der Student, der Ausweis, der Studentenausweis

Riskante Liebschaften

Übung 1: **1. a)** Die langsamen Schwimmer, die sie blockieren, sind weg.
1. b) Sie schwimmt gern hinter schnellen Schwimmern, die sie mitziehen.
2. a) Die Adresse ist im Navigationsgerät gespeichert.
2. b) Sie will ihre Sachen zurückhaben.

Übung 2: **1.** Was sagen seine Teamkollegen?
2. Wer hat sich entschuldigt?
3. Wen kennt die Frau nicht?
4. Wo war sie die Einzige?
5. Woher kommt Frau Gessner?

Übung 3: **1.** Professor **2.** Portier **3.** Bademeister
4. Polizist

Übung 4: **1.** geschrien/geweint **2.** geweint/geschrien
3. geschmissen **4.** umarmt **5.** geantwortet

Übung 5: **1.** Irgendwann **2.** nach Hause **3.** Mal **4.** weiß

Übung 6: **1.** c **2.** d **3.** a **4.** b

Übung 7: **1.** sie **2.** sie **3.** ihn **4.** es

Übung 8: **1.** e **2.** b **3.** d **4.** a **5.** c

Übung 9: **1.** zudrehen **2.** rufen **3.** abgeben **4.** leasen

Übung 10: **1.** geben **2.** vertauscht **3.** war **4.** saß **5.** fror

Übung 11: **1.** Wem glaubt der Chefinspektor nicht?
2. Was hat Herr Kirchhof seiner Geliebten erzählt?
3. Wen will die Hexe mit dem König verkuppeln?
4. Wer hat sich bei Hubert Schmiedl bedankt?

Übung 12: **1.** falsch **2.** falsch **3.** richtig **4.** richtig

Übung 13: **1.** die tödlichen Krankheiten
2. die überarbeiteten Ärzte
3. die schlimmen Unglücksfälle
4. die bösen Hexen
5. die hübschen Kinder

Übung 14: **2.** hat gedrückt **3.** hat gelesen

Übung 15: **1.** falsch **2.** falsch **3.** falsch **4.** richtig

Übung 16: **1.** i **2.** g **3.** f **4.** a **5.** h **6.** c **7.** d **8.** j **9.** b **10.** e

Das Lied vom Tod

Übung 1: **1.** lassen **2.** bekommen **3.** anziehen **4.** umkrempeln **5.** sein

Übung 2: **1.** Zufall **2.** dir **3.** Jetzt **4.** ihn

Übung 3: **1.** falsch **2.** richtig **3.** falsch **4.** falsch

Übung 4: **1.** b **2.** d **3.** c **4.** a

Übung 5: **1.** verriss **2.** verstand **3.** hatte **4.** jubelte **5.** machte nieder

Übung 6: **1.** Er hat zu lange Beine.
2. Er äußert sich nie klar.
3. Die Operndirektorin wird Prinzessin genannt.
4. Im Haar von Luisa steckt eine weiße Blume.

Übung 7: **1.** Intendant **2.** Heilpraktiker **3.** Assistentin **4.** Opernsänger

Übung 8: **1.** gläsern **2.** bedauerlich **3.** traurig **4.** sympathisch **5.** musikalisch

Übung 9: **1.** keinen Fall **2.** der Oper **3.** ihr **4.** den Augen **5.** der Bühne

Übung 10: **1.** Franz Specht **2.** Der Intendant **3.** Die Sänger **4.** Die Assistentin Eva Hansen **5.** Der Arzt

Übung 11: **1.** Er sieht gleich, dass sie eines nicht natürlichen Todes gestorben war.
2. Viele Tötungsdelikte werden nicht erkannt, weil die Ärzte einen natürlichen Tod bescheinigen.

3. Es liegen viele Tropfen, Pulver und Kügelchen herum, weil sie bei einer Heilpraktikerin war.
4. Es gibt keine Hinweise, dass es Selbstmord war.
5. Luisa springt auf, weil Franz Specht ins Zimmer kommt.

Übung 12: **1.** vertrauter **2.** fremder **3.** höher **4.** zarter

Übung 13: **1.** d **2.** a **3.** b **4.** e **5.** c

Übung 14: **1.** satt **2.** nass **3.** hart **4.** gefährlich **5.** ungiftig

Übung 15: **1.** der großen **2.** dem wahren **3.** das alte **4.** den hohen **5.** den einzigen **6.** die alten

Übung 16: **1.** Er ist befangen.
2. Ines Duran wollte am Ende der Spielzeit aufhören.
3. Er hat sie verdächtigt.
4. Sie hat sich von ihr behandeln lassen.
5. Er schreibt immer schlechte Kritiken.

Abschlusstest

Blutige Schatten

Test 1: **1.** d **2.** c **3.** e **4.** b **5.** a

Test 2: **1.** c **2.** d **3.** b **4.** a

Test 3: **1.** Wasser **2.** Garage **3.** Landrat **4.** Crystal **5.** Tschechien **6.** Brighton **7.** Magneten **8.** Brief

Lösung: Sansibar

Test 4: **1.** Udo trinkt am Stammtisch mehr als die anderen./Am Stammtisch trinkt Udo mehr als die anderen.

2. Klara nimmt das Auto von ihrem Vater und fährt nach Tschechien.

3. Peter nimmt Udo, der verletzt ist, mit in seine Praxis.

4. Der Drogendealer überfällt Klara in ihrem Haus.

5. Peter tritt am nächsten Tag von seiner Kandidatur zurück./Am nächsten Tag tritt Peter von seiner Kandidatur zurück.

Riskante Liebschaften

Test 5: **1.** egoistisch **2.** Polizeihund **3.** Fahrrad **4.** Eggenberg-Bad **5.** Verkehrsunfall

Test 6: **2.** richtig: die sie **3.** richtig: ihn **5.** richtig: welche

Test 7:
1. Niemand hat ihn getötet.
2. Sabine hat ihn während einer Vorlesung kennengelernt.
3. Er wollte fit werden.
4. Chefinspektor Schmiedl hat einen neuen Fall.
5. Liebe ist stärker als alles andere.

Test 8:
1. Der Chefinspektor glaubt Sabine Gessner nicht.
2. Sabine Gessner hat Herrn Kirchhof nicht umgebracht.
3. Katharina Schreiber hat im Schwimmbad die Schlüssel vertauscht./Im Schwimmbad hat Katherina Schreiber die Schlüssel vertauscht.
4. Herr Kirchhof ist an einem Herzanfall gestorben./Gestorben ist Herr Kirchhof an einem Herzanfall.

Das Lied vom Tod

Test 9: **1.** sie, ihm **2.** er, ihr **3.** ihm, ihnen **4.** er, sie

Test 10: **1. c)** weil er verliebt ist.
2. a) weil er intuitiv merkt, dass etwas nicht stimmt.
3. b) weil Luisa ihn vor den Weichkorallen gewarnt hat.
4. b) weil die Leser der Zeitung es erwarteten.

Test 11: **1.** Intendant **2.** Freundin **3.**glatte Haare **4.** eifersüchtig **5.** schimpfen

Test 12: **1.** Straße **2.** Eugen **3.** Balkon **4.** wie **5.** Mutter
Lösung: weiße Blume

Glossar

↯ = umgangssprachlich	*etw.* = etwas
f = feminin	*jd.* = jemand
m = maskulin	*jm.* = jemandem
n = neutral	*jn.* = jemanden
pl = Plural	*js.* = jemandes

Abflussreiniger *m*	chemisches Mittel zur Reinigung der Abwasserleitung
Ablenkung *f*	Störung der Konzentration
jn. ablösen	*hier*: den Arbeitsplatz von jm. übernehmen
Abschiedsbrief *m*	*hier*: letzter Brief vor dem Selbstmord
etw. abschütteln	*hier*: sich loslösen, von etw. frei machen
Absolvent *m*	jd., der eine Ausbildung/ein Studium erfolgreich abgeschlossen hat
absurd	ohne Sinn, nicht zu verstehen
Akte *f*	Ordner, Unterlagen
Alibi *n*	Beweis für die Abwesenheit vom Tatort
Alkoholiker *m*	Alkoholabhängiger
Ampulle *f*	kleines Glasgefäß für Flüssigkeiten, meist Medizin
an der Grenze sein	*hier*: am Rand dessen sein, was man leisten kann
jn. anekeln	sehr negative, ablehnende Gefühle hervorrufen

jn. anflehen	jn. sehr bitten
angeblich	scheinbar
Anhaltspunkt *m*	Hinweis
↯ *jm. etw.* anhängen	beschuldigen
Animateur *m*	vom Hotel bezahlte Person, die helfen soll, einen Urlaub durch Sport und Spiele attraktiv zu gestalten
ankündigen	über Zukünftiges informieren
Anlageberaterin *f*	jd., der hilft, aus wenig Geld viel Geld zu machen
sich anschmiegen	sich eng anlehnen
ansetzen	*hier*: gerade beginnen
Anspruch *m*	Forderung
auf etw. anstoßen	feierlich die Trinkgläser aneinander stoßen
jm. etw. anvertrauen	*hier*: jm. etw. überlassen
Anwalt *m*	Jurist; jn., der in Rechtsfragen berät
Anzeige erstatten	der Polizei melden
Anzeige gegen Unbekannt *f*	eine strafbare Handlung bei der Polizei melden, ohne dass man den Täter kennt
jn. anzischen	jn. böse, aber nicht laut anreden
applaudieren	zustimmend in die Hände klatschen
Aquarium *n*	Glasbehälter, in dem Wassertiere leben
Arie *f*	Gesangsstück in der Oper mit Orchestermusik und Gesang
Arzneimittel *n*	Medizin
Asthma *n*	Erkrankung der Lunge
Atemnot *f*	Zustand, in dem man keine Luft bekommt
Atmung *f*	Luft holen
auf Anhieb	sofort, beim ersten Versuch
jn. auf den Geschmack bringen	*hier*: jn. von der angenehmen Wirkung überzeugen
jn. aufbauen	*hier*: jn. stärken

Aufbruch *m*	*hier*: Verabschiedung
aufgelöst sein	*hier*: verzweifelt sein
aufgesetzt wirken	gespielt wirken
aufheulen	*hier*: sehr laut werden (Motor)
etw. aufklären	offene Frage lösen
Aufklärung *f*	*hier*: Lösung des Falls
jm. auflauern	auf jn. warten, ohne dass derjenige davon weiß
Aufnahme *f*	*hier*: Foto
Aufruhr *m*	*hier*: plötzliche Bewegung
etw. aufs Spiel setzen	etw. riskieren
Aufwand *m*	Einsatz, Anstrengung
ausbeulen	in die alte Form bringen
von etw. ausgehen	etw. als Grundlage für einen Gedankengang nehmen
aushalten	ertragen
Auslandskorrespondent *m*	Journalist, der aus dem Ausland berichtet
ausmachen	*hier*: typisch, notwendig sein
Ausschlag *m*	Hautkrankheit
jm. jn. ausspannen	jm. jn. wegnehmen
sich aussprechen	sagen, was einen bewegt
Außenseiter *m*	außerhalb einer Gemeinschaft Stehender
aussetzen	eine bestimmte Zeit lang nicht teilnehmen
jm., etw. ausweichen	um jn., etw. herumfahren
Bademeister *m*	Aufsichtsperson im Schwimmbad
Bahn *f*	*hier*: abgeteilte Spur für Schwimmer
Balkon *m*	*hier*: oberer Sitzbereich im Theater
Ballast *m*	Gewicht, *hier*: belastende Erfahrungen
barfuß	ohne Schuhe und ohne Strümpfe
Bedauern *n*	Traurigkeit
Bedürfnis *n*	dringender Wunsch

Befangenheit *f*	*Begriff der Rechtssprache*: Zustand, wenn ein Polizist oder Richter nicht mehr objektiv handeln und urteilen kann, weil er persönlich betroffen ist
etw., jn. begreifen	etw., jn. verstehen
Behandlungszimmer *n*	Raum, in dem der Arzt die Patienten versorgt
behindern	erschweren
etw. beichten	zugeben, was man Schlechtes gemacht hat
benommen sein	nicht klar denken können
bequem werden	sich weniger anstrengen
sich beruhigen	ruhig werden
jn. berühren	*hier*: jn. emotional bewegen
Bescheid sagen	benachrichtigen
Bescheid wissen	Information, Kenntnis haben
bescheinigen	offiziell bestätigen
Beschimpfung *f*	Beleidigung
beschließen	entscheiden
jn. bestellen	*hier*: jn. auffordern zu kommen
beschützen	vor Gefahr bewahren
auf etw. bestehen	etw. unbedingt weiterhin wollen
Bestürzung *f*	Betroffenheit, Erschrecken
Betriebswirtschaft *f*	Wissenschaft, die sich mit der Organisation und Leitung von Firmen beschäftigt
betteln	bitten
Bewunderung *f*	Verehrung
Blech *n*	dünne Metallplatte, Material des Autos
bleich	blass, weiß
js. Blick ausweichen	keinen Blickkontakt wollen
jn. blind verstehen	jn. ohne viele Worte verstehen
blinken	*hier*: leuchten der Fahrzeuglampen
etw. blockieren	etw. versperren
bluffen	so tun als ob, bewusst täuschen

Blutprobe *f*	eine kleine Menge Blut für eine Untersuchung
Brauerei *f*	Betrieb zur Herstellung von Bier
↯ brechend voll sein	sehr voll sein
jn. um etw. bringen	jm. etw. nicht geben oder wegnehmen
Brot schmieren	eine Scheibe Brot mit Auflage bestreichen
Bruchteil *m*	kleiner Teil
eine Brücke bauen	*hier übertragen*: eine gedankliche Hilfestellung geben
Buchung *f*	Bestellung
Bühnenbild *n*	Dekoration auf der Spielfläche des Theaters
Casa *span.*	Haus
Chance *f*	Möglichkeit
Crystal Meth *n*	synthetische Droge
dahin sein	*hier*: verloren sein
Dampfsauna *f*	Wellness-Raum, in dem es sehr heiß und sehr feucht ist
dazumogeln	*hier*: heimlich hinzufügen
Dealer *m*	(illegaler) Händler
depressiv	(krankhaft) in trauriger Stimmung
Desaster *n*	Katastrophe
sich drehen *um etw., jn.*	*hier*: immer wieder zu einer Sache, zu einem Thema zurückkehren
Drogenküche *f*	Raum, in dem synthetische Drogen hergestellt werden
↯ dumm gelaufen	Pech gehabt
sich dumm stellen	so tun, als wüsste man nichts
egal sein	unwichtig, gleichgültig sein
eifersüchtig sein	neidisch sein
sich etw. einbilden	sich etw. ohne Grund vorstellen, einreden
Einbruch *m*	unberechtigtes Eindringen ins Haus
sich einlassen *auf*	*hier*: sich konzentrieren auf

ϟ einpacken können	unterlegen sein, scheitern
einsam	allein
sich einstellen	erscheinen
eintauchen	*hier:* versinken
ϟ emotionaler Kühlschrank	ein Mensch, der keine Gefühle hat oder zeigt
Empörung *f*	emotionaler Protest
jn. engagieren	jn. (v. a. Künstler) beschäftigen
Erfahrung *f*	durch Erleben erworbenes Wissen
erfüllen	*hier:* nachkommen, völlig entsprechen
Erkenntnis *f*	gefundene Wahrheit
erleichtert sein	beruhigt sein
jn. erlösen	jn. aus einer Notlage, aus einer unangenehmen Situation befreien
jn. ermahnen	jn. auffordern
Ermittlungsarbeit *f*	polizeiliche Untersuchung
ernst werden	*hier:* darauf ankommen
Erpressung *f*	Drohung, um etw. zu erreichen
jn. erschießen	jn. mit einer Pistole, einem Gewehr töten
ersticken	sterben, weil man keine Luft mehr bekommt
jn. ertappen	jn. bei Verbotenem überraschen
ertrinken	sterben, weil man unter Wasser keine Luft mehr bekommt
jn., etw. erwischen	*hier:* jn., etw. ertappen, ergreifen
Es reicht!	Schluss sein, genug sein
Fahrerflucht *f*	verbotenes Verhalten nach einem Verkehrsunfall
Fasan *m*	Wildvogel
Fassade *f*	äußere Hülle
Fehlalarm *m*	falsch, ohne Grund ausgelöste Warnung
feige	ängstlich
Fernbrille *f*	Brille gegen Kurzsichtigkeit

Festnahme *f*	Festhalten durch die Polizei
flanieren	spazieren gehen, um sich zu zeigen
Fliege *f*	festliche Schleife, die um den Hemdkragen gebunden wird
flirten	jm. durch sein Verhalten zeigen, dass man ihm gern näherkommen möchte
fluchen	sehr stark schimpfen
Flüstern *n*	sehr leise Gesprochenes
förmlich	unpersönlich, sehr korrekt
Foyer *n*	Eingangsraum, z. B. eines Theaters
Freibad *n*	öffentliches Schwimmbad im Freien
Freikarte *f*	kostenlose Eintrittskarte
Frostschutzmittel *n*	chemisches Mittel gegen das Gefrieren, z.B. von Wasser
Führerschein *m*	amtliche Fahrerlaubnis
Gänsehaut *f*	Haut, die sich zusammenzieht und bei der sich die Haare aufrichten
gebannt	*hier*: fasziniert
gefasst sein	*hier*: ruhig sein
Gegenkandidat *m*	Konkurrent um ein politisches Amt
Geheimweg *m*	ein nur wenigen Menschen bekannter Weg
gekrümmt	nicht gerade
Geliebte *f*	*hier*: Frau, mit der ein verheirateter Mann außerhalb seiner Ehe eine sexuelle Beziehung hat
Gen *n*	*Fachwort der Biologie*: kleiner Teil der DNA
Generalschalter *m*	Lichtschalter, der alle Lampen gleichzeitig anmacht
gereizt sein	nervös sein
gerissen sein	schlau sein, an seinen eigenen Vorteil denken
gespannt sein	*hier*: neugierig sein

Geständnis *n*	Bestätigung, dass man etw. getan hat
Getreidefeld *n*	Kornfeld
Gewinn *m*	positive Differenz von Einnahmen und Ausgaben
gewissenhaft	pflichtbewusst, genau
Gifteiche *f*	giftiges Heilmittel
Gong *m*	*hier*: Zeichen zum Beginn
hager	dünn, knochig
Halbschlaf *m*	Zustand zwischen Wachsein und Schlafen
hallen	der Schall wird reflektiert
die Hand hinstrecken	*hier*: begrüßen
ϟ *sich* hängen lassen	nichts gegen etw. tun, sich gehen lassen
jn. hänseln	jn. im Scherz ärgern, sich über jn. lustig machen
ϟ harter Hund	Person, die wenig Rücksicht auf andere und/oder sich selbst nimmt
etw., jn. hassen	etw., jn. völlig ablehnen
ϟ *ein* Häufchen Elend sein	sich in einem Mitleid erregenden Zustand befinden
Hausdurchsuchung *f*	Suche der Polizei in einem Haus nach Beweisen
Hebamme *f*	Geburtshelferin
Heilpraktikerin *f*	Beruf, Heilkundige (keine Ärztin)
heimlich	versteckt
Herzdruckmassage *f*	Massage des Brustkorbs zur Wiederbelebung nach einem Herzstillstand
Herzversagen *n*	das Herz schlägt nicht mehr, arbeitet nicht mehr
hetzen	*hier*: sich sehr beeilen
Heuschnupfen *m*	Reaktion des Körpers auf bestimmte kleine Pflanzenteile
Hexe *f*	böse, hässliche Zauberin im Märchen

⚡ *in etw.* hineinplatzen	plötzlich in eine Situation geraten
hinschmeißen	*hier*: plötzlich abbrechen, aufhören
jn. hofieren	jn. übertrieben höflich und aufmerksam behandeln
Holzbude *f*	einfaches Häuschen aus Holz
Homöopathie *f*	alternative Heilmethode
etw. ignorieren	etw. absichtlich nicht sehen
im Dienst	während der Arbeit
⚡ im Dunkeln tappen	nichts wissen, keine Ahnung haben
jn. etw. in die Schuhe schieben	jm. die Schuld für etw. geben, jd. anderen in Verdacht bringen
⚡ in Schuss sein	in Ordnung, fit sein
in seinem Element sein	sich mit etw. besonders gut auskennen, sich bei etw. besonders wohlfühlen
in Watte packen	jn. zu vorsichtig behandeln
sich in Widersprüche verstricken	sich durch gegensätzliche Aussagen in eine schwierige Lage bringen
Infarkt *m*	Absterben eines Organteils, weil es nicht mehr durchblutet wird; manchmal tödlich
Intendant *m*	Theaterleiter
Intuition *f*	Gespür
⚡ jede Menge	sehr viele
Kanzlei *f*	Büro des Anwalts
Katastrophe *f*	schweres Unglück
kaum wagen	fast nicht den Mut haben
Kirchweih *f*	kirchliches Fest
Kittel *m*	leichter Mantel als Arbeitskleidung
klappen	funktionieren
klar äußern	deutlich sagen
Klinke *f*	Türgriff
knacken	Geräusch, z. B. wenn Holz bricht
Komplize *m*	Mittäter bei einem Verbrechen
konfrontieren	gegenüberstellen

Koralle *f*	Tier, das festgewachsen auf dem Meeresboden lebt
Krampf *m*	schmerzhaftes Zusammenziehen der Muskeln
jn. krankschreiben	als Arzt jm. bescheinigen, dass er nicht arbeiten kann
kränken	die Gefühle eines anderen verletzen
kratzen	*hier*: zeichnen
Kratzwunde *f*	Verletzung der Haut
kreidebleich sein	weiß wie Kreide sein
Krim *f*	Halbinsel am Schwarzen Meer, beliebtes Feriengebiet
Kügelchen *n*	kleine Kugel, spielt als homöopathisches Heilmittel eine große Rolle
Kult *m*	religiöse Praxis
Kulturteil *m*	Teil der Zeitung, in dem über kulturelle Ereignisse berichtet wird
sich kümmern *um*	*hier*: Interesse zeigen
Kunstbanause *m*	jd., der keine Ahnung von Kunst hat
Kur *f*	vom Arzt veranlasster Urlaub zur Erholung
Labor *n*	Raum für naturwissenschaftliche, z. B. chemische oder medizinische, Arbeiten
Lacksplitter *m*	kleines Stück von der Farbe
Landkreis *m*	kleine politische Gebietseinheit
Landrat *m*	höchstes politisches Amt im Landkreis
langjährige Beziehung *f*	Partnerschaft, die über mehrere Jahre andauert
lässig	locker, zwanglos
lebensbedrohlich sein	das Leben gefährdend
Leserzahl *f*	Anzahl der Menschen, die die Zeitung lesen
Leuchtturm *m*	hoher Turm, in dem eine Lampe Schiffen auf dem Meer Zeichen gibt

Liebeskummer haben	unglücklich verliebt sein
Liegefläche *f*	Bereich zum Hinlegen
Lippenstift auftragen	Lippen schminken
Lodenjacke *f*	Jacke aus festem Wollstoff, traditionelles bayerisches Kleidungsstück
Lokalseite *f*	Seite einer Zeitung, die über das Geschehen in der Umgebung berichtet
Lokalzeitung *f*	Zeitung, die auch von Ereignissen in der Umgebung berichtet
etw., jn. loswerden	etw., jn. abschieben, entfernen
Lügner *m*	jd., der die Unwahrheit sagt
Magnet *m*	Metall, das Eisen anzieht
Mallorca *n*	span. Insel, bei Deutschen beliebtes Ferienziel
Märchen *n*	erfundene zeitlose Fantasiegeschichte
Marder *m*	wildlebendes Nagetier
mit dem Rücken zur Wand stehen	*hier übertragen*: nicht mehr ausweichen können
mit den Achseln zucken	die Schultern heben, Geste der Hilflosigkeit
Mitleid *n*	Gefühl, Schmerz eines anderen mitfühlend
mitten im Leben stehen	Freude am Leben haben und es aktiv gestalten
Modell sitzen	sich malen lassen
monoton	ohne Abwechslung, immer gleich
Motiv *n*	Beweggrund
nach Halt suchen	sich emotional festhalten wollen
nach Luft schnappen	kaum atmen können
nachfragen	noch einmal fragen, nachforschen
etw. nachweisen	etw. belegen, aufzeigen
Neid *m*	Empfindung, bei der jd. einem anderen etw. nicht gönnt und selbst haben möchte

etw. nicht fassen können	*hier*: etw. nicht glauben können
ϟ nicht ganz dicht sein	nicht bei Verstand, verrückt sein
nicht natürlich	*hier*: gewaltsam
etw. niedermachen	etw. öffentlich sehr negativ beurteilen
Oberfranken *n*	Region in Bayern nahe der tschechischen Grenze
Oberpfalz *f*	Region in Bayern
Opernführer *m*	Buch, in dem der Inhalt von Opernstücken beschrieben wird
Opernglas *n*	Fernglas für das Theater
Parkuhr *f*	Münzgerät an Parkplätzen
Pech haben	unglückliches Missgeschick erleiden
Pedal *n*	Fußhebel am Fahrrad
peinlich	verlegen, beschämt
etw. persönlich nehmen	etw. auf sich als Person beziehen
Pfeife *f*	*hier*: Gegenstand zum Rauchen von Tabak
Pfeifton *m*	Geräusch mit hoher Frequenz
Pointe *f*	überraschender Effekt am Ende
polarisieren	Extreme bilden
Portier *m*	jd., der z. B. im Hotel an der Tür arbeitet
Probeklausur *f*	schriftliche Prüfung zum Üben
Promenade *f*	besonders breiter und gepflegter Weg für Spaziergänger
Protest *m*	Widerspruch
Pulver *n*	*hier*: mehlartige Arznei
Quälerei *f*	schmerzhafte, anstrengende Situation
Rasierwasser *n*	After Shave, Männerparfüm
räumen	*hier*: einen Ort verlassen, frei machen
ϟ raus sein	in der Überlegung keine Rolle mehr spielen
Rauschen *n*	gleichmäßiges Geräusch, z. B. durch Wind
Recherche *f*	Nachforschung

Rechtsmediziner *m*	Arzt, der z. B. untersucht, woran ein Mensch gestorben ist
Regisseurin *f*	Person, die ein Theaterstück, eine Oper auf die Bühne bringt, gestaltet
rein zufällig	wirklich nicht geplant, nicht beabsichtigt
reißen	gewaltsam ziehen
Respekt haben	Achtung, Bewunderung empfinden
Rettungswagen *m*	Auto, das Kranke oder Verletzte ins Krankenhaus fährt
Rille *f*	längliche Vertiefung
Rückbank *f*	hintere Sitze im Auto
Rücksicht nehmen *auf jn.*	auf die Wünsche von jm. achten
ruinieren	zerstören
Sachbearbeiter *m*	jd., der beruflich einen bestimmten Bereich zu bearbeiten hat
Satanismus *m*	Verehrung des Teufels
etw. schänden	etw., das Achtung verdient durch eine Handlung beschädigen
jn. scharf zur Rede stellen	jn. intensiv verhören, fragen; jm. etw. vorwerfen
Scheinwerferlicht *n*	*hier*: Autolicht
scheppern	blechernes Geräusch
ein schlechtes Gewissen haben	sich schuldig fühlen
schlicht	einfach, auf das Nötigste beschränkt
Schlick *m*	feuchte Erde am Meer
von jm. auf jn. schließen	eine Eigenschaft oder ein Verhalten des einen Menschen auf den anderen übertragen
schlingern	sich hin und her, nicht in gerader Linie bewegen
Schluchzen *n*	leises Weinen mit stoßartigem Einatmen
Schluss machen	*hier*: Liebesbeziehung beenden

schmuggeln	illegal über eine Grenze bringen
schniefen	hörbar durch die Nase einatmen
schrill läuten alle Alarmglocken	*übertragen*: man empfindet die höchste Warnstufe
schubsen	anstoßen
schweben	sich schwerelos bewegen
schwer	*hier*: stark riechend
Sehnsucht *f*	Wunsch nach etw., jm., das oder der im Moment nicht erreichbar ist
selbstbewusst	selbstsicher
selbstgerecht sein	sehr von sich überzeugt sein
Sicherheitshinweis *m*	Hinweis auf mögliche Gefahren
skeptisch	zweifelnd
Smoking *m*	festliche Anzugjacke
Sockenhalter *m*	Band, das verhindert, dass Strümpfe herunterrutschen
sich Sorgen machen	Angst haben, unruhig sein
Spielzeit *f*	Saison des Theaters
Sprechstundenhilfe *f*	Person, die sich um die Termine des Arztes kümmert
Spuren sichern	Hinweise auf einen Täter sammeln und festhalten
spurlos verschwinden	nicht mehr zu finden sein, ohne einen Hinweis zurückzulassen
Stammgast *m*	häufiger Besucher eines Lokals o. Ä.
standhalten	aushalten, widerstehen
Stange Zigaretten *f*	Zigarettengroßpackung mit mehreren Schachteln
starren	unbeweglich anschauen
zwischen jm. und jm. stehen	*hier im übertragenen Sinn*: zwei Personen voneinander trennen
Stoffbeutel *m*	Tasche aus Stoff
Stoffwechsel *m*	alle chemischen Vorgänge im Körper, bei denen Nahrung in Energie und Abfallstoffe umgewandelt wird

stöhnen	klagendes Geräusch von sich geben
sich strafbar machen	etw. Illegales tun
Streifenwagen *m*	Dienstfahrzeug der Polizei
ϟ Stress machen	nervös machen
Terrasse *f*	Bereich zwischen Haus und Garten
ticken	*hier*: gleichmäßiges, leises Geräusch machen
auf etw. tippen	*hier*: eine Vermutung haben
toben	*hier*: wild spielen
Tötungsdelikt *n*	Straftat, die den Tod eines Menschen zur Folge hat
Toxikologe *m*	Wissenschaftler, der sich mit der Lehre von Giften beschäftigt
Tragik *f*	schweres trauriges, oft von außer hervorgebrachtes Leid
jn. treffen	*hier*: jn. verletzen
Tropfen *pl*	*hier*: flüssige Arznei
Trophäe *f*	bei einem Wettkampf gewonnener Preis
jn. trösten	aufmuntern, js. Leid lindern
tschechisch	aus Tschechien (Land, das im Osten an Deutschland grenzt) kommend
über seine Kräfte leben	sich gesundheitlich durch Überanstrengung schädigen
etw. über *sich* ergehen lassen	etw. erdulden
überfordert sein	nicht genügend Kraft bzw. Fähigkeit haben
etw., jn. übersehen	*hier*: etw., jn. nicht bemerken
etw. überstehen	*hier*: (zeitlich) hinter sich bringen
Übertitel *m*	über der Bühne zu lesender Text
umgehend	sofort
Umgehungsstraße *f*	Straße, die um einen Ort herumführt
umkippen	umwerfen
etw. umkrempeln	etw. verändern
Umweltbewusstsein *n*	Sorge um die Natur

umwerfend	*hier*: sehr beeindruckend
Umzugskarton *m*	Speditionskiste aus Pappe
Unannehmlichkeit *f*	unangenehme Sache, die Ärger verursacht
Unfallstelle *f*	Ort, an dem ein Unfall geschieht
ungerecht	unfair
unglaubwürdig	nicht glaubhaft, Zweifel hervorrufend
etw. unter Kontrolle haben	die Situation beherrschen
unterbesetzt sein	nicht genügend Personal haben, um die Arbeit zu schaffen
Unterernährung *f*	Krankheit durch zu wenig Essen
unterschätzen	zu gering bewerten
Urlaubssaison *f*	Hauptzeit für den Urlaub
urplötzlich	ohne Vorankündigung
vegan	Ernährungsweise, die auf tierische Produkte verzichtet
Verantwortung *f*	(moralische) Verpflichtung
jn. verarzten	jn. versorgen, behandeln
sich verbeugen	den Oberkörper (dankbar für den Applaus oder aus Höflichkeit) verneigen
jn. verdächtigen	die Schuld von jm. vermuten
Verhältnis *n*	*hier*: Liebesbeziehung außerhalb der Ehe
sich verkriechen	sich zum Schutz zurückziehen
verkuppeln	zwei Menschen zusammenbringen, damit sie ein Paar werden
Verlobter *m*	Person, die das Eheversprechen gegeben hat
Verlust *m*	Gegenteil von Gewinn
Vermutung *f*	nicht bewiesene Überlegung, Annahme
etw. verreißen	schlechte Kritik über etw., z. B. in der Zeitung, schreiben
etw. verschenken	*hier*: Möglichkeit nicht nutzen
sich versöhnen	mit jm. nach einem Streit wieder Frieden schließen

versorgen	*hier*: behandeln
jn. verspotten	jn. auslachen, sich über jn. lustig machen
etw. verstauen	etw. weglegen, wegpacken
vertauschen	mit oder ohne Absicht verwechseln
Verteidiger *m*	*hier*: Position in der Hintermannschaft einer Ballsportart
vertraut sein	gewohnt, bekannt sein
etw. verwischen	so über etw. reiben, dass es nicht mehr zu erkennen ist
verzweifelt sein	ohne Hoffnung sein
Visitenkarte *f*	kleine Papierkarte mit aufgedrucktem Namen und aufgedruckter Adresse
volljährig	nach dem Gesetz erwachsen (in Deutschland mit 18 Jahren)
jn. vollquatschen	auf jn. ohne Pause einreden
von Weitem	aus einer großen Entfernung
sich vor Arbeit kaum retten können	sehr viel/zu viel Arbeit haben
↯ *sich* vor Lachen biegen	heftig lachen
Vorlesung *f*	Vortrag vor Studierenden an der Universität
vornehm	edel, fein
etw., jn. vorschieben	sich mit etwas herausreden, etw. oder jn. als Vorwand nehmen
etw. vorspielen	*hier*: Theater spielen, so tun als ob
Vorwurf *m*	Anklage, Beschuldigung
Waffe *f*	Gegenstand zum Kämpfen und Töten
Wählergemeinschaft *f*	politische Partei
Wahlkampagne *f*	Aktion, die Werbung für eine Partei macht
Wartezimmer *n*	*hier*: Zimmer in der Arztpraxis, in dem Patienten warten
wegnicken	kurz einschlafen
Wendung *f*	Veränderung ins Gegenteil

Wertsache *f*	wertvoller, teurer Gegenstand
wirken	Wirkung haben, Eindruck machen
wutentbrannt	sehr zornig
ϟ zappen	schnell durch verschiedene Fernsehkanäle schalten
zärtlich	liebevoll
Zeitlupe *f*	Zeitdehnung, Abläufe sind langsamer als in Wirklichkeit
Zeug *n*	abfällig: Sache
etw. ***nach sich*** ziehen	Folgen haben
sich ziehen	zeitlich lang erscheinen
Zoll *m*	*hier*: Grenzpolizei zur Kontrolle des Imports
jm. zu Füßen liegen	zu jm. aufblicken
zu Unrecht	fälschlicherweise
Zufall *m*	unvorhersehbares, ungeplantes Geschehen
zugeben	gestehen, die Wahrheit sagen
zum Duell fordern	zum (tödlichen) Zweikampf auffordern
zunehmen	schwerer, dicker werden
zupfen	mit den Fingerspitzen ziehen
zurechtkommen	ein Problem bewältigen
etw., jn. zurückweisen	etw., jn. ablehnen
zusammenbrechen	*bildhaft*: keine Kraft mehr haben
etw. zusammenknüllen	*meistens*: aus einem Blatt Papier eine Kugel machen
sich zusammennehmen	sich beherrschen
zusammensacken	kraftlos hinfallen

Verzeichnis der Übungen

Blutige Schatten

	Schwerpunkt	Übung	Seite
1	Grammatik	Modalverben	7
2	Wortschatz	Wortgrenzen	9
3	Textverständnis	Richtig oder falsch?	11
4	Grammatik	Präpositionen	13
5	Wortschatz	Verben	18
6	Textverständnis	Richtig oder falsch?	19
7	Grammatik	Nebensätze mit „weil" und „wenn"	25
8	Wortschatz	Versteckte Wörter	28
9	Textverständnis	Fragen zum Text	30
10	Grammatik	Nebensätze mit „dass"	34
11	Wortschatz	Fehler verbessern	36
12	Textverständnis	Satzteile verbinden	38
13	Grammatik	Relativsätze bilden	40
14	Wortschatz	Verben	42
15	Textverständnis	Richtig oder falsch?	44
16	Grammatik	Artikel	45

Riskante Liebschaften

1	Textverständnis	Fragen zum Text	50
2	Grammatik	Fragesätze	53
3	Wortschatz	Buchstabensalat	55
4	Grammatik	Partizip II	57
5	Wortschatz	Fehler verbessern	58
6	Textverständnis	Sätze ordnen	59
7	Grammatik	Pronomen	61
8	Textverständnis	Dialog ordnen	63
9	Wortschatz	Schwarzes Schaf	66

	Schwerpunkt	Übung	Seite
10	Wortschatz	Verben	68
11	Grammatik	Fragesätze	71
12	Textverständnis	Richtig oder falsch?	72
13	Grammatik	Pluralbildung	77
14	Grammatik	Perfekt	79
15	Textverständnis	Richtig oder falsch?	82
16	Wortschatz	Zuordnungsrätsel	83
Das Lied vom Tod			
1	Grammatik	Infinitiv	88
2	Wortschatz	Fehler verbessern	90
3	Textverständnis	Richtig oder falsch?	92
4	Wortschatz	Definitionen	96
5	Grammatik	Präteritum	97
6	Textverständnis	Fragen zum Text	99
7	Wortschatz	Buchstabensalat	101
8	Wortschatz	Wortfamilie	103
9	Grammatik	Fälle	104
10	Textverständnis	Fehler verbessern	106
11	Grammatik	Nebensätze mit „dass" und „weil"	109
12	Grammatik	Komparativ	110
13	Textverständnis	Sätze ordnen	112
14	Wortschatz	Antonyme	114
15	Grammatik	Präpositionen und Fälle	115
16	Textverständnis	Fragen zum Text	119
Abschlusstest			
1	Wortschatz	Definitionen	124
2	Textverständnis	Sätze ordnen	124
3	Textverständnis	Wörter ergänzen	125
4	Grammatik	Satzsalat	125
5	Wortschatz	Schwarzes Schaf	126
6	Grammatik	Fehler im Satzbau erkennen	127
7	Textverständnis	Fragen zum Text	127
8	Grammatik	Satzsalat	128
9	Grammatik	Pronomen	128
10	Textverständnis	Richtig oder falsch?	129
11	Wortschatz	Schwarzes Schaf	130
12	Wortschatz	Rätsel	130